新\时\代\中\华\传\统\文\化
■知识丛书■

中华文化典籍

主编◎李燕 罗日明

应急管理出版社
·北京·

图书在版编目（CIP）数据

中华文化典籍/李燕，罗日明主编 . －－北京：应急
管理出版社，2021
（新时代中华传统文化知识丛书）
ISBN 978－7－5020－9207－8

Ⅰ.①中… Ⅱ.①李… ②罗… Ⅲ.①古籍研究—中
国 Ⅳ.①G256.2

中国版本图书馆 CIP 数据核字（2021）第 254510 号

中华文化典籍（新时代中华传统文化知识丛书）

主　编	李　燕　罗日明
责任编辑	高红勤
封面设计	郑广明

出版发行	应急管理出版社（北京市朝阳区芍药居 35 号　100029）
电　话	010－84657898（总编室）　010－84657880（读者服务部）
网　址	www. cciph. com. cn
印　刷	天津盛奥传媒印务有限公司
经　销	全国新华书店

开　本	710mm×1000mm$^1/_{16}$　印张　7　字数　96 千字
版　次	2022 年 1 月第 1 版　2022 年 1 月第 1 次印刷
社内编号	20210832　　　　定价　29.80 元

古时的藏书楼和学风甚浓的书院，都是书生才子的魂牵梦萦之地，珍藏其中的一本本经典古籍对他们有着无以言说的吸引力。这些典籍代表着知识，代表着思想，代表着文化。

时至今日，那些典籍并没有因时代的变迁而失去其吸引力，而是作为中华文化的载体而拥有了更大的魅力，弥足珍贵。

中华典籍，是中华文明中的一朵奇葩，由典籍衍生出来的文化更是一种多元的综合性文化。它既包含典籍的内容和作者的思想，也从侧面反映出其所记录时代的社会风貌和艺术特征，在传承中华文明的过程中发挥着巨大的作用。

通过对典籍的学习，我们可以了解中华民族是多么伟大的民族，中华文明是多么灿烂的文明，从而获得坚定的文化自信和民族自豪感，让自己更有信心面对未来的学习和生活。

通过对典籍的学习，我们可以获知古人的思想精华，体会他们的炽热情感，学习他们的信仰和追求，从而获得充足的精神养分，给自己以启迪和激励。

通过对典籍的学习，我们可以了解古人的耕种劳作、衣食住行、学习交往，看到古代的社会百态、人情冷暖，品味古人人生，获得现实的生活经验。

在典籍中，我们可以欣赏到旖旎明秀的风景、惊心动魄的故事，可以聆听到热情浪漫的歌唱、真挚动人的心声，也可以置身于鬼怪横行的虚拟世界，经历百转千回的真实人生。我们可能会遇见英雄豪杰，也会邂逅美女佳人，我们会感叹才子诗人的才思敏捷，也会惊叹小说家的奇思妙想。

高尔基说："书籍，是人类进步的阶梯。"而典籍，是让人回溯本源、寻回初心的心灵净化器。了解和阅读典籍的过程，实际上就是不断寻根溯源、重塑自我的过程——不管是对于一个人，还是对于一个民族而言。

作为中华民族的一员，了解典籍的相关知识，传承和发扬中华传统文化，是我们每个人都应自觉去做的事情，而这也将会让我们具备更加丰富的知识和活跃的思维，塑造出更加健全的人格和崇高的理想，从而成为更加美好的自己。

目 录

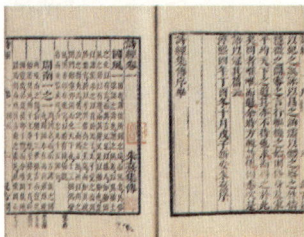

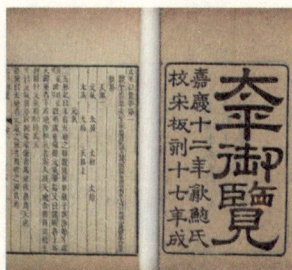

第一章

中华典籍，
中国人的文化血脉

一、什么是典籍

图书在古代称作典籍，也叫文献，兼有文书、档案、书籍三重含义。在不同的领域，有不同的代表性典籍。典籍既是中华传统文化的重要组成部分，同时也是中华传统文化的重要载体和根基。

许慎在《说文解字》中解释道："典，五帝之书也。从册在丌（jī）上，尊阁之也。""丌"就是早期放书的几案和底座，可见早期的"典"有"尊贵"之意，更多是指地位较高的书册。《尚书》中有《尧典》，记录了上古时期帝王尧训示臣民的言论以及治理国家的措施法度，这似乎也验证了"典"的尊贵地位，是与帝王有关的重要书籍。"籍"字《说文解字》解释为"簿书也"，也就是簿册、书册。

"典籍"二字合用大概始于战国。《左传·昭公十五年》记载："昔而高祖孙伯黡（yǎn），司晋之典籍，以为大政，故曰籍氏。"《孟子·告子章句下》记载："诸侯之地方百里；不百里，不足以守宗庙之典籍。"东汉经学家赵岐给这里的"典籍"作注释为"先祖常籍法度之文也"，可见"典籍"仍是以"典"的意思为主，指的是先祖、国家的法度典制。

汉代以后，"典籍"的含义更侧重"籍"，逐渐被用作各种书籍的统称。如《后汉书·崔寔传》说崔寔"少沈（同'沉'）静，好典籍"；《三国志·蜀书·谯周传》记载谯周"诵读典籍，欣然独笑，以忘寝食"；唐代封演所著《封氏闻见记·典籍》记载"此自汉以来，典籍之大数也"。这几处"典籍"

指的就是古代普遍的书籍，和我们如今的意思相近。

除了含义，典籍的"外形"也是在不断变化的。

起初，文字是刻在各种材料上的，如石、木、棕榈树叶、陶器、骨、青铜、白桦树皮等物，渐渐地，竹木成了文字的重要载体。我国最早的正式书籍是大约公元前 8 世纪出现的以竹木刻写成的简策。《说文解字》中对"籍"的解释就是"从竹"。后来随着纺织业的发展、丝织品的兴起，"缯"或"缣"也成为一种记载文字的材料，这样形成的书籍被称为"帛书"。东汉时，蔡伦发明造纸术后，纸张就变成了书籍的主要材料，纸制的卷轴逐渐代替了竹木书和帛书。公元 11 世纪中期，活字印刷术的诞生不仅提高了书籍编写的效率，也使得书籍中文字的呈现方式有了极大的变化。

各种古代典籍

实际上，经过历代对古籍的整理编修，再加上很多古籍原稿早已失传，如今的典籍大多都是纸质的书籍。

综上所述，所谓"典籍"一般就是指古代的图书，有时也可看作重要文献或者某一领域的代表性书籍。

二、早期典籍的产生

任何一件事物的诞生都不是一蹴而就的。那么典籍是如何出现的呢？最初的典籍又是什么样子的呢？接下来就让我们一起来了解一下吧。

我们知道，典籍是用文字写成的，因此文字的出现和成熟，是典籍产生的先决条件。

关于中国汉字的起源，历来有各种说法，"仓颉（jié）造字"的传说在古代最为流行。《吕氏春秋·君守篇》说："奚仲作车，仓颉作书，后稷（jì）作稼，皋（gāo）陶作刑，昆吾作陶，夏鲧（gǔn）作城，此六人者，所作当矣。"东汉许慎在《说文解字》中也称"黄帝之史仓颉，见鸟兽蹄迒（háng）之迹，知分理之可相别异也，初造书契"，这样的说法虽多却并不十分可信。

从中华民族发展的历史来看，文字绝对不是在一时由一人创造出来的，而是早期先民经过长时间的探索试验、不断积累的结果。就像《荀子·解蔽》中所说的"故好书者众矣，而仓颉独传者，壹也"，意思是说古代写字创字的人有很多，仓颉的字之所以流传下来，是因为他非常用心，字写得更好，而并不是只有他会写。

许多史料的记载和近代人类学的研究成果都表明，世界各民族在繁衍发展的过程中，储存交流信息的手段大致经历了实物、图画、符号、文字记事等几个基本阶段。至于汉字的源起究竟为何，至今仍是一个悬而未决的问题。目前已知最早较为定型的汉字，是1899年在河南安阳发现的大批甲骨文字和殷商时期的青铜铭文。这也表明，商代时文字已经成形了。

文字的产生使得中国文学脱离了传说时期。但最初的文字记载往往只是对一事一物的简单记录。如商朝武丁时期的一片龟甲上镂刻的卜辞说："乙巳卜縠贞，王大令众人曰协田。其受年？十一月。"记载的是十一月的一天，乙巳占卦，史官縠传商王的话问道："有好收成吗？"这样的记录材料，只能被称作文献。只有当类似文献大量汇集到一起，形成有条理的知识体系时，才能称之为典籍。

典籍的"典"字，甲骨文象形字作双手或单手捧册状，金文字形与东汉《说文解字》中的小篆相近，都是"案上放册状"。许慎在《说文解字》中引用庄都的话说"典，大册也"，指出典籍的外部形状是册子。

这个"册"，与其说是文字材料的形状变化，不如说是记载内容的复杂化发展。

当用文字记载的内容简单时，所使用的载体材料都是独立的，如一块石头、一片树叶。随着人们对自然和自身认识的加深，文字记录的内容逐渐复杂，以往独立的材料已经无法容纳增多的内容，于是就被集合了起来，"册"就这样形成了。

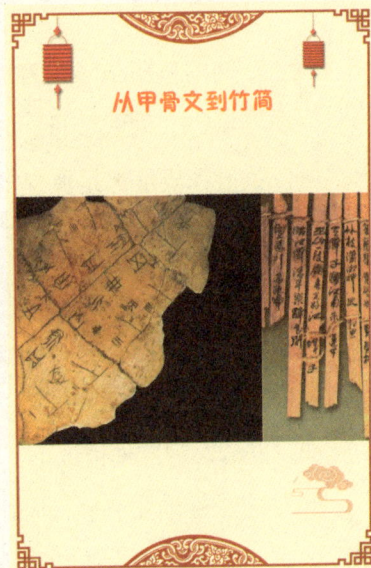

从甲骨文到竹简

总的来看，构成典籍的三大要素，一是文字，二是内容的联系性，三是外在的编连，而根本还是在于内容的记录。那么，这种能称之为典籍的文字记录或者说册子是什么时候出现的呢？

《尚书·多士》中有这样一段记载："惟尔知，惟殷先人有典有册，殷革夏命。"这是西周初年周王室将殷商移民强迁到成周时，周公对殷民训话中的一部分内容，说的是这些遗民的先人们曾用典和册记录了殷商灭夏朝的历史。这说明，典籍在商代前期就已经出现了。

三、典籍的正式兴起

早期的典籍虽然已经具备了构成典籍的三大基本要素，但实际上其包含的内容仍旧与真正的典籍相差甚远，因而在很长一段时间内发展非常缓慢。

早期的典籍虽然内容上已经有所联系且编连成册，但是由于文字的形态、词汇数量、叙述方法、所用材料等相关条件的发展尚未成熟，所以数量和质量都是极少极简易的，而具有充分的思想表达、经验交流、精神影响、知识积累等作用的正式典籍应该是在周朝时出现的。

殷商灭亡后，在周王朝的统治下，古代社会发展进入了一个崭新的阶段，社会生产力不断发展，政治制度逐步完善，农业、经济、军事等领域都有了一定的发展，朝廷开始推行文治。随着周公旦创建礼乐制度，西周尚文重礼的氛围越发浓厚。这种情况下，古代文化快速进步。

首先，表现在文字上。周朝的文字趋于线条化，较殷商时的甲骨文更为平直整齐，字形也更为简约和方正，这不仅使得书写更为方便美观，也更利于辨认和通行。

大概就是因为文字的改进，促进了西周文字记载的频繁。

我国现存最早的皇室典籍《尚书》中，西周时期的作品就有 15 篇之多。《周礼》中说，西周已经建立了古代早期的史官制度。当时设置的史官还有等级和分类，如太史、小史、御史等，分别负责不同的事务，这也从侧面证明当时的文献之多。

　　其次，从史料上关于史官活动及职权描述的一些文字记载，如《尚书·周书·洛诰》篇曰"王命作册逸祝册，惟告周公其后"、《汉书·艺文志》称西周史官"左史记言，右史记事，言为《尚书》，事为《春秋》"，还有专门到民间收集诗歌著作的采诗官一类，可以推知西周时期的文事制度已在逐步完善，这也为典籍的进一步发展提供了有力支持。

　　此外，周朝的文献内容较前代也更为丰富，词语使用或者语句之间的连接以及事件的叙述相对更顺畅和有条理，这些从当时的长篇青铜铭文以及《尚书》中的西周作品中都可以看出。

　　具备了以上条件后，到春秋战国时期，伴随着诸子百家的出现，典籍迎来了真正的兴盛。

　　周王朝后期，王室权力衰微，已经无法掌控众诸侯国。各诸侯国为富国强兵，称霸中原，开始积极发展各个领域，营造出宽松开放的学术环境，为百家争鸣提供了历史舞台。

　　随着私学的兴起，诸子思想的越发丰富，各个学术流派的争辩日益激烈，典籍的数量因而不断攀升，内容也更加精练。被后世奉为经典的《诗》《书》《易》《礼》《乐》《春秋》等重要典籍的主体内容，都是在这一时期形成的。

　　这时的典籍，除了在形式上比早期典籍有了巨大进步外，还脱离了简单记录的档案性质，而具备了更加丰富的社会功能，因此更容易受到人们的推崇，传播更为普遍。

四、典籍的后世影响

人们常说，文化是一个国家、一个民族的灵魂。典籍作为一种绵长而磅礴的文化传承，则是中华民族的文化血脉和炎黄子孙的文化基因。

在源长深沉的中华文化缔造下，中国拥有了浩如烟海的典籍文献。这些典籍文献在历史舞台上一直扮演着极为重要的角色，对个人、社会、国家乃至整个中华民族的发展都有着一定的影响。

典籍有利于文化发展、文明进程的推进。从战国时期典籍初兴对学术文化繁荣的促进，到今天典籍对建设社会主义文化的影响，典籍在文化发展过程中起到的积极作用是毋庸置疑的。记录在案、成系统的、备受推崇的文化内容，能让后人更好、更准确地捕捉到古代文化的精华部分，进而承袭和创新，这就是典籍在文化传承上最大的不可替代性。

典籍便于后世了解古代历史，研究传统文化。马克思曾说过，我们只知道一门唯一的科学，就是历史学。历史是现实的根源，只有了解了根源，才能更好地感应未来。换句话说，我们只有知道自己是谁，从何而来，才能知道自己将来能成为谁，要到哪里去。而典籍通常都真实地记载着每一个历史时期和朝代的文明，是人们了解历史、研究传统文化的一扇大门。

中国的典籍不计其数，类型也是各种各样，记录的内容远至三皇五帝，广至社会百科，包含了中华民族在探索创造过程中的种种经历见闻，且条理清晰、分类明确、繁简皆有，这就为后世了解和研究中华文明提供了极为便利的条件。

典籍可以帮助后世吸取经验教训，增长智慧。李世民说"以史为镜，可以知兴替"，而典籍中记载的不仅仅是兴亡的历史，还有神秘莫测的星宿、辨人识物的技巧、养殖种植的经验、教育儿女的智慧、与人相处的原则等。各个领域的知识、智慧以及教训，对后世个人修身处世、国家发展壮大、社会平稳发展都有着重要的现实意义。

典籍可以为文化自信提供源源不断的养分和支持。习近平总书记曾说过："我们要坚持道路自信、理论自信、制度自信，最根本的还有一个文化自信。"所谓文化自信，就是一个民族、一个国家对自身文化价值的充分肯定和积极践行。中华优秀传统文化是中华民族文化自信的来源，而承托着优秀文化的典籍则是中华优秀传统文化的强大根基，为文化自信提供着源源不竭的动力。

留存至今的各种典籍

典籍作为一种特殊的载体，不仅能传承文化，加深中国人民对中华文化的认识、对中国历史的研究，还有利于中华文化的发扬和传播，对构建中国特色社会主义文化有着至关重要的影响。

五、为什么要学习典籍文化

中华典籍是全世界最绵长悠久、庞杂浩大的文化传承，学习典籍文化不仅有利于我们提高道德修养、培养文明意识，还有助于我们传承其思想精华，展现其价值主张。

习近平总书记指出："中华优秀传统文化是中华民族的文化根脉，其蕴含的思想观念、人文精神、道德规范，不仅是我们中国人思想和精神的内核，对解决人类问题也有重要价值。要把优秀传统文化的精神标识提炼出来、展示出来，把优秀传统文化中具有当代价值、世界意义的文化精髓提炼出来、展示出来。"

经典文化典籍蕴含着深远的意蕴，是中华五千年文明的结晶。学习经典文化典籍对青少年来说，是一项重要且必要的任务。

阅读经典文化典籍，有利于养成良好的道德规范。从《孝经》《论语》《中庸》等众多典籍中，我们能了解古代社会的道德规范，汲取先人的良好道德修养。

《论语》中，孔子及其弟子的言行明确了"仁义礼智信"的道德要求，叙述了做人应当具有的修养；《孝经》从家庭兴衰的角度告诫人们"善有善报，恶有恶报"，积善会让家庭兴旺，积恶会让家庭败亡；《中庸》将道德的起点归于"诚"，为世人提供了睿智通达的处世态度。

阅读经典文化典籍，有助于人才的全面发展。《礼记》《诗经》《荀子》等不同典籍，涵盖了不同门类的知识，每种门类都给人以深刻的启迪。《荀子》引导人们勤奋学习，四书五经教导人们培养良好人格，《礼记》注重培养文武全才。

阅读经典文化典籍，有利于培养生态文明意识。《孟子》《墨子》《老子》等众多典籍，从不同方面阐述了生态文明建设的重要性。

《孟子》注重以时而发，告诫人们要想保障人类社会的长久繁荣，首先要有睿智的谋略和长远的眼光，"不违农时""数罟（gǔ）不入洿（wū）池""斧斤以时入山林"，才能实现社会发展的良性循环。

《墨子》注重节俭的品德，认为统治者应当"去其无用之费"，停止有损百姓的奢靡行为，百姓应该"量腹而食，度身而衣"，不能浪费粮食和财物。只有人人养成节俭的习惯，整个社会才能够做到物尽其用，国家才会安定富足。

简而言之，这些典籍中的思想，对于孕育生态文明体系，实现人与自然的和谐共生都有着重要的积极作用。

学习经典文化典籍，就是在汲取先人留下的智慧财富，挖掘中华民族的精神宝藏；传承经典文化典籍，就是在弘扬中华民族优秀文化，发扬中华民族文明精神。因此，作为中华民族的一分子，我们每一个人都有学习和弘扬中华经典文化典籍的义务和责任。

第二章

关于典籍，
应该知道的简单知识

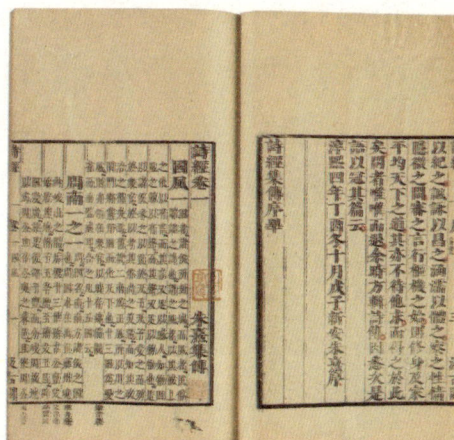

一、什么是经史子集

经，即经书，指的是儒家的经典著作；史，即史书，是专门记载历史的书籍；子，即子书，代表诸子百家著作；集，即文集，指诗歌词曲汇编以及小说、文学理论著作等。

"经史子集"就是典籍的四大部类，是古人根据图书内容对传统文化典籍进行的类别划分。四部分类法不仅是图书整理收录的重要工具，也是人们熟悉和了解传统文化的一把钥匙。

中华传统文化博大而源长，历代产生的典籍无数，因此人们对古籍的分类整理从很早就开始了。不过，最初古籍的分类并不是按照四部分类法。

我国古籍的分类，一般认为源于我国第一部目录学著作《七略》。西汉时期，刘向、刘歆父子受汉成帝诏令先后主持了当时的古籍整理工作，这是中国历史上第一次大规模的图书整理，内容包括搜辑、校勘、分类、编目。这次古籍整理的最终成果就是编成了中国最早的国家图书馆目录《七略》。

《七略》包括"六艺略""诸子略""诗赋略""兵书略""术数略""方技略"六大类，以"辑略"总冠全书。它以六略三十八类的分类法对先秦到西汉的各种学术流派进行了分析，第一次展示了我国古代的图书分类方法。

《七略》所创立的七分法（实际上是六分法）受到了古代很多目录学家和图书分类学家的推崇，对其后与图书分类相关的著作撰写起到了很好的引导作用，如东汉班固编写《汉书·艺文志》时就沿用了《七略》中的六分法。

　　汉代以后，各种古籍分类目录不断涌现，提出的分类方法也在不断变化和改进。三国时，魏国秘书郎郑默创作出了《中经》，西晋荀勖（xù）又根据《中经》写出了《中经新簿》。荀勖在书中将除"辑略"外的六大类合并形成四部，以甲、乙、丙、丁为序。甲部包括六艺及小学类书籍；乙部为古诸子百家、近世子家、兵书、兵家、术数等著作；丙部有史记、皇览、旧杂事记载等；丁部有诗赋、图赞、汲冢书等。这就是最早的四分法。此法的产生源于不同种类的图书在数量上的变化，是对七分法的变革，更适应现实需要。秉承这样的编目思想，东晋晋元帝时，著作郎李充又在《晋元帝四部书目》中将荀勖四部分类法中的乙、丙进行了调换，将甲部为经、乙部为史、丙部为子、丁部为集，"经、史、子、集"的次序成为后世四部分类法的永制。

　　尽管如此，四分法并没有在书目分类领域形成垄断，七分法还是有着相当大的影响力，也在不断改进中。南北朝时期，齐时王俭的《七志》在六略之外又补充了"图谱志"和道经、佛经三个类别；梁朝阮孝绪的《七录》使典籍分类更加明朗；隋朝许善心模仿《七录》创作了《七林》。这些都是对七分法的继承和发展。

　　到唐代时，四部分类法逐渐占据主流位置，七分法逐渐衰退。魏征主导编写的《隋书·经籍志》中将甲、乙、丙、丁序列改为"经史子集"四部，另附有佛经和道经两录。北宋《崇文总目》将佛、道两录归入子部，至此四分法完全确立。清乾隆年间，朝廷召集大批名士宿儒进行了我国有史以来规模最大的古籍整理工作，最终编纂成《四库全书》，形成了《四库全书总目》，其中所用的分类方式仍是"经史子集"四部分类法。

　　实际上，我国古籍分类除了七分法和四分法，还有九分法、五分法等，但占据主导位置的，隋唐以前是七分法，隋唐之后是四分法，其他方法并没有太大的影响力。

二、独尊儒术与经学典籍

经学是儒家思想的核心部分，是古代学术的主体。"经"指的是汉武帝以来官方法定的古代儒家书籍，是经学典籍的重要组成部分，也是经学的精华所在。

儒家学派创始人孔子在晚年致力于搜寻和整理史料和古代著作，并将收集到的资料编订成了书籍文献。据司马迁《史记·孔子世家》的记载，孔子编辑了《书》，删定了《诗》，编订了《礼》和《乐》，作了《易》的一部分，并根据鲁国的史料创作了《春秋》。

后来，孔子就经常用这些文献给弟子上课，这六本书籍逐渐成为儒家弟子的必读课本。在春秋战国时期，其已经成为人们公认的宝典。

秦朝时，由于秦始皇采纳丞相李斯"非秦记皆烧之"的建议，全国各地秦代以前的古典文献皆化为灰烬，只在咸阳城留存一套作为资料收藏。秦亡后，咸阳被付之一炬，作为资料收藏的先秦典籍也难逃厄运，消失于历史舞台。孔子的六本宝典除《易经》之外，其他都未能幸免于难。

孔子像

汉朝是经学出现以及经学发展最为昌盛的时期，当时朝野上下读经蔚然成风，经学思想不仅贯穿于统治阶层，也深植进了普通民众的心中。

汉景帝意识到学术文化的重要性，开始了文献和古籍的收集工作。此时各地尚有一些年龄较大的秦代学者和儒家子弟存活于世，他们有的将在秦朝时期隐藏的古籍拿出，有的以口述的方式将已毁掉的经典背出，使得很多古代书籍又重新流传于世。

汉景帝末年，鲁恭王因扩建王府拆毁了孔子旧宅，意外地从墙壁中获得一批书籍，有《尚书》《论语》《礼》《孝经》等数十篇。

汉武帝时期，为了适应大一统的政治局面和加强中央集权统治，实行"罢黜百家，独尊儒术"，从此唯儒学独尊，出现了"五经"之说，设立了"五经博士"，"经"的崇高地位被确立。当时的"五经"为《诗经》《尚书》《仪礼》《易经》《春秋》。

汉武帝之后，经学发展更加兴盛。到东汉时，确定了十四家博士，"五经"又增加《论语》《孝经》，形成"七经"。

在经学发展如此繁荣的情况下，越来越多的相关著作也不断被搜集和发现。如汉武帝时河间献王刘德从民间搜集到了包括《周官》(《周礼》)在内的大量古籍文献，将它们悉数存放进了皇家图书馆中。汉宣帝时又有河内女子拆掉老屋，发现了几篇《尚书》。

隋唐是经学在经历了魏晋衰落分离后的又一发展高峰。唐代政府极力推行经学，以其作为取士的依据。这一时期，"九经"得以诞生，即《诗经》《尚书》《易经》《周礼》《仪礼》《礼记》《左传》《公羊传》《谷梁传》。晚唐开成年间，唐文宗在国子学刻石，内容除了"九经"之外，还加上了《论语》《尔雅》《孝经》，构成"十二经"。

宋代理学兴起，理学家以重新诠释经典的方式对经书进行删减论述。其中，南宋理学家朱熹将《论语》《孟子》《大学》《中庸》作为一套经书刊刻问世，合称"四书"。《孟子》正式成为儒家经典，归到"经"的行列。至此，在封建社会具有特殊地位的"儒家十三经"形成。

经部典籍除"十三经"外还有其相关著作，包括十三经注疏、经学史以及小学类。十三经注疏即对经籍中文字正假、语法修辞、名物典制等进行注解和说明的内容；经学史就是对经学发展历史的概括或评论；小学类，即对字形、字音、字义等的讲解。

总的来说，经部典籍共有大小十个类别，包括易类、书类、诗类、礼类、春秋类、孝经类、五经总义类、四书类、乐类、小学类，有的类别之下还会细分，如小学类可分为训诂、字书、韵书三属。

经部典籍中保存了大量珍贵的史料，蕴含着深刻精湛的儒家思想，是中华传统文化中的优秀代表。

三、往世兴衰与史部典籍

梁启超曾在《中国历史研究法》中说："中国于各种学问中，惟史学为最发达。"可见史学在中国传统文化中的地位，史部书籍在文化传承上所承担的重大责任。

史部典籍共包含正史、编年、纪事本末、杂史、别史、诏令奏议、传记、史钞、载记、时令、地理、职官、政书、目录、史评十五个大类，其下个别又有属分，如传记类又分圣贤、名人、总录、杂录、别录五属。

正史即以帝王本纪为纲的纪传体史，我国的二十六史均为纪传体史书，如《史记》；编年即按照年代顺序编排史料、著作等内容的史书，如《资治通鉴》；纪事本末是以历史事件为纲，将重要史实独立成篇，再按照年月顺序编写的史书，如《元史纪事本末》；杂史是对一时见闻或一个重大事件记录的史书，如《战国策》；别史是杂记历代或一代史实的编年体、纪传体以外的史书，如《逸周书》；诏令奏议，诏令是古代帝王、皇太后或皇后所发命令、文告的总称，有诏、诰等，奏议是古代臣下上奏帝王的各类文字的统称，如表、奏；传记，是记载人物生平事迹的文字，如《高士传》；史钞是指摘抄一史或合抄众史的书籍，如《两汉博闻》；载记是为曾立名号而非正统者所立的传记，以区别于本纪和列传，如《十六国春秋》；时令是有关时令论述的书籍，如《岁时广记》；地理是记载山川地理、风俗物产等的文字，如《大唐西域记》；职官是记载历代官制的史书，如《唐六典》；政书是记录典章制度的书籍，如《大清律例》；目录是对目录分类学的著述，如《崇文总目》；史评是评论史事或史书的著作，如《宋论》。

事实上史部典籍也有着一定的发展历程，和史学的发展步调一致。先秦时期，是我国史学发展的萌芽时期，当时的史部还是经部的附庸，很多史籍如《春秋》《左传》《尚书》等都被归为"经"的范畴，且这时候的史书多为资料汇编或修订、解释历史文献，一般也都不是一个人所作，没有严格的体例，记事粗略，内容也不严谨，夹杂不少神话传说，可谓真伪并存。其中相对而言体例较为严格的有《春秋》和《左传》，使用的是编年体。

两汉至魏晋，史学开始发展，史部逐渐摆脱经部的附属地位，成为一个独立的部类。这一时期史学上最大的进步在于"纪传体"的出现，这使得史学典籍的结构更加宏伟，内容更加精深，代表书籍有《史记》《汉书》。纪传体之外，别史、人物传记等体裁也逐渐活跃起来，解释、训诂前代史籍的书籍也越来越多。

此外，史籍的内容更加广博，往往涵盖天文地理、人事百科等各个方面，撰写语言更加准确精练，叙事手法更加生动多样，且其中的史例、史法越发纯熟，传达出的思想精神越发深刻精辟。

隋唐至宋元，是史学和史籍发展的鼎盛时期。这一时期史籍文体有了很大丰富，如唐代时产生了第一部典志体史书《通典》，南宋产生了史籍三大体之一的纪事本末体。已有的文体也获得了发展，如编年体出现了《资治通鉴》一类的通史，再加上史学受到政府的重视，大量史书编撰而

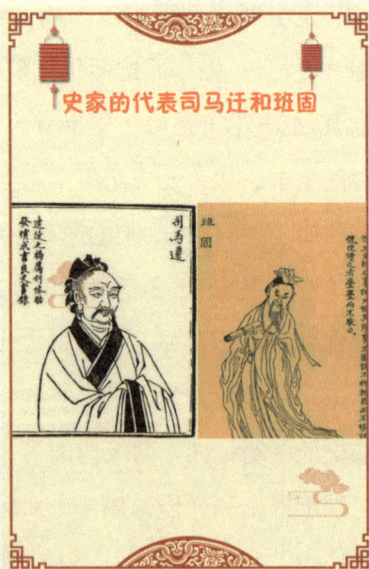
史家的代表司马迁和班固

成，史籍数量空前繁荣。

明代时，出现了"二十一史"之称，即二十一部正史，包括《史记》《汉书》《后汉书》《三国志》《晋书》《宋书》《南齐书》《梁书》《陈书》《魏书》《北齐书》《周书》《隋书》《南史》《北史》《新唐书》《新五代史》《宋史》《辽史》《金史》《元史》。清朝，在"二十一史"的基础上又增《明史》《旧唐书》《旧五代史》，合称"二十四史"。民国时期，《新元史》《清史稿》也被列入正史，形成"二十六史"。

但整体来看，明清两代史学及史籍的发展并不尽如人意。由于封建专制主义空前加强，文化事业受到摧残，史学首当其冲，导致的结果就是史籍新增数量大大减少，且质量明显下降，还有一些古籍被损毁。

中华文化源远流长，历代产生的典籍难以数计，中国也一直都在致力于古籍的修复和收藏，很多史书也在这一过程中被陆续整理出来收录到史部典籍中。

四、诸子百家与子部典籍

距今两千多年前，一批见解独到、思想深刻的士人在游学授课的过程中受到了越来越多人的认可和拥护，他们之间逐渐形成了广而不同的学术流派。这些人被后世尊称为"子"，他们的著作被称为"子书"，也就是子部典籍的源头。

春秋战国时代，是一个大变革的时代。各诸侯国为富国强兵、争霸天下，纷纷实行各类宽松开明的政策，它们招兵买马，广纳贤才，使得社会经济、政治、科技、文化等方面都发生了巨大变化，这为诸子百家的出现提供了历史舞台。

根据《汉书·艺文志》的记载，那一时期数得上名字的思想流派有189家之多，著作约4324篇，因而被称为"百家争鸣"。但实际上真正有影响力的也就几十家，最终只有12家发展成了学派，分别为儒家、法家、道家、墨家、兵家、医家、阴阳家、名家、纵横家、杂家、农家、小说家。

子部典籍收录的就是这几大学派的著作和类书，包括儒家类、兵家类、法家类、农家类、医家类、天文算法类、术数类、艺术类、谱录、杂家类、类书类、小说家类、释家类、道家类14大类，其中一些类别还有细分，如术数类又分数学、占候、相宅相墓、占卜、命书相书、阴阳五行、杂技术7属。

儒家是以孔子为代表的学派，对孔子学说最为推崇，其著作大都崇尚"仁义礼智信"，以六艺为法，重视伦理道德和个人修养，提倡"忠恕"和中庸之道，在政治方面主张"德治""仁政""亲民"，主要有《诗》《书》《礼》《乐》《易》《春秋》等。

道家也叫"道德家"，因以"道"为核心而得名，代表人物为老子、庄子。道家主张大道为根，顺其自然，顺应天性，远离政治，却有着塑造桃花源和至德之世的政治理想，这些在其著作中都有体现，如《道德经》《文子》《庄子》《彭祖》《素书》《淮南子》《玄真子》等。

古籍《左传》

墨家组织严密，创始人为墨翟，世称墨子，其学说基础为"兼相爱，交相利"的观点，政治上主张尚贤、尚同和非攻，思想上既尊天事鬼又强调依靠自身强力行事，代表作品有《墨子》《随巢子》。

法家由李悝、商鞅、慎到、申不害等人开创，到战国末期经韩非子进一步发展，以尚法明刑为主，主张以法治国，代表著作有《商君书》《慎子》《韩非子》等。

名家以辩论著称，注重"名"与"实"的关系，学术内容属于"逻辑学"的范畴，成员被称为"辩者""察士"或"刑名家"，代表人物有惠施和公孙龙，作品有《邓析子》《尹文子》《公孙龙子》。

纵横家是谋略家鬼谷子创立的学派，擅长权谋策略以及言谈辩论技巧，主要从事政治外交工作，在战国时期以纵横捭阖之策推动历史发展，主张天下之物为我所用，著作有《鬼谷子》。

兵家又分兵权谋家、兵形势家、兵技巧家、兵阴阳家四类，是对古代军事家、用兵者或研究军事者的统称，著作有《孙子兵法》《太公六韬》《孙膑兵法》《吴子》《三略》《尉缭子》等。

农家注重农业，记载农业生产经验和技术，反映农民思想，著作有《神农》《野老》《董安国》。

杂家是一个综合性学派，"兼儒墨，合名法"，因涉及广义，无所不包，但又寥寥不能成类而得名，著作有《吕氏春秋》《淮南子》《尸子》。

医家，顾名思义即由医者形成的派别，代表人物为扁鹊，作品有《本草纲目》《张仲景方》《华佗方》《针灸甲乙经》《灵枢经》《食经》等。

小说家是由说、写故事为生者构成，著作多是采集民间传说、街谈巷语而作，如《博物志》《太平广记》。

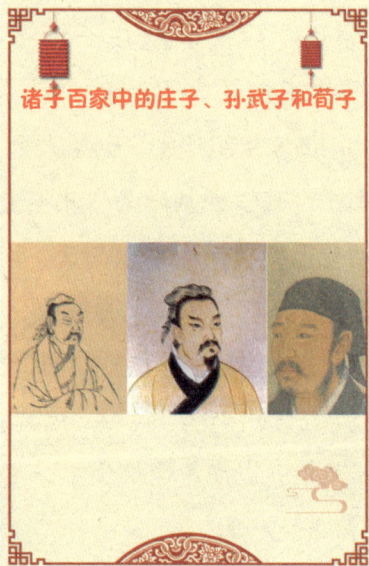

诸子百家中的庄子、孙·武子和荀子

类书是一种综合性书籍，辑录经、史、子、集各类著作，涉及范围极为广泛，即古代的百科全书，三国时魏文帝曹丕命儒臣编成的《皇览》，是类书的起源。

其余各类，如释家，其著作是一些佛经、弘扬佛教思想的书籍等。术数也称"数术"，即通过方术观察自然界的现象，来推测人的气数和命运，是一种非常古老的思想，在春秋战国时被阴阳家与五行学说相结合，获得了进一步发展。艺术，泛指六艺以及术数方技等各种技术技能。谱录是记载器物、食谱、草木鸟兽虫鱼等的表册。天文算法即有关天文历法、岁时节候的书籍。

《四库全书》中子部共收录典籍2984部，内容涉及哲学、艺术、宗教、社会科学、自然科学、应用科学等多方面，包揽万物万象，宏富浩瀚。

五、文学繁荣与集部典籍

诗词歌赋、曲艺小说、诗评谱韵……集部典籍包含的内容都带有浓厚的文雅气息，是典籍中最具美感和情怀的部分。

集部收录的大多是诗词集和专集，也有小说、戏剧著作等，《四库全书》将其分为楚辞、总集、别集、诗文评、词曲五个大类，其中词曲类又分词集、词选、词话、词谱词韵、南北曲五属。

楚辞类收录的是以楚辞体撰写的文章、书籍，代表作品有王逸的《楚辞章句》、朱熹的《楚辞集注》、戴震的《屈原赋二十五篇》等。

总集是我国古代对汇集多人作品的诗文集的称呼。从经、史、子、集的划分来看，我国最早的总集是《楚辞》。按照编写格式，总集可以分为全集式和选集式，前者如《全上古三代秦汉三国六朝文》，后者如《文选》；按照收录作品的类型可分为专辑历代同一体裁作品如《历代赋汇》，专辑一个朝代某一种体裁作品如《全唐文》，汇集各种体裁作品如《文苑英华》；根据收录作品朝代，可分为"通代"和"断代"，如《汉魏六朝百三家集》与《唐文粹》。

别集与总集相对，收录的是某一个人的诗文，如骆宾王的《骆丞集》、孟浩然的《孟浩然集》、柳宗元的《柳河东集》等，包揽众多名诗人的作品。

诗文评即含有文学评论、理论论述、学术考证等内容的书籍，如曹丕的《典论·论文》、张炎的《词源》、袁枚的《随园诗话》等。

词曲，即词和曲。词就是我们熟悉的长短句，曲是一种韵文形式，包含的作品有赵崇祚的《花间集》、唐圭璋的《全宋词》、臧懋循的《元人百种曲》、赵闻礼的《阳春白雪》等。

集部典籍的出现及增多源于古代文学的发展繁荣。文学的发展是伴随着社会的发展前行的。悠久的中国文学史厚重而璀璨，它书写了一个文明古国五千年的风云变幻，记录了炎黄子孙在华夏大地上繁衍生息的历程，是我们最引以为豪的文化瑰宝。

中国文学的产生要追溯至上古时期，源于对天象及自然万物的畏惧和崇拜，原始人类以丰富的想象力构建了精彩纷呈的神话传说。

进入农耕时代，中华初民在生产劳作时，借由筋力的张弛和工具的配合自然发出呼声，并逐渐产生简单的节奏。这就是音乐、舞蹈节拍和诗歌韵律的起源。随着农耕生活的深化，原始人类也有了更多与农业相关的节日活动。在这些活动举行的过程中，人们自然要欢呼歌唱庆祝，歌谣也就随之诞生了。

原始的神话故事和歌谣，在人们口头代代流传。经过漫长的时间，才开始被一点点用文字记录下来，形成了最早期的文学。这种文学的创作大都是由群体完成，直到战国时期中国第一位伟大诗人屈原出现，文学创作主体才开始转向个人。

秦汉时期，在社会环境的影响下，作家群体形成，他们以歌功颂德或讽刺喻谏为己任，并将这些内容记录下来，开创了如"大赋"般的新兴文体，酝酿出了中国诗歌的"五七言体"，使得文学逐渐从先秦时期的随性活泼转向了规范工整。

从魏晋到盛唐，五七言体诗获得极大发展并达到鼎盛，涌现出了大量富有个性的诗人。他们的诗歌流程完整而清晰，风格鲜明且内涵深远，如"三曹"、谢灵运、陈子昂、高适、李白、杜甫等。由于诗在文坛中占据了主导地位，其他类型的文体也纷纷向诗靠拢形成新的文学形式，如诗化的骈文、骈赋等。此外，小说在这一时期也开始了快速成长，魏晋南北朝时出现了情节较为简单的志人志怪小说，如干宝的《搜神记》。

安史之乱后，文学语言和文体发生了改革，诗歌的发展由盛转衰，小说发展趋于成熟，出现了传奇如《莺莺传》。

从元代开始，叙事文学逐步引领文坛，从此文学不再只是写在纸上的文字，也揽括说唱扮演等艺术形式，其对象更多地从读者转向了勾栏瓦舍里的听众和观众，出现了一系列不同于正统文人的作家如关汉卿、马致远、王实甫等，创造出了以戏曲、散曲为代表的文学辉煌。与此同时，《三国演义》《水浒传》的出现彰显着长篇小说时代的到来。

袁枚和他的《随园诗话》

明清时期，文学作品中有了较多对人欲的描写，传统文体如诗文的发展较为平淡、创新较少，相比之下，通俗文体尤其是小说越发生机勃勃。

文学不断发展创新的过程也是文学类典籍不断涌现、增多的过程，文学的出现是文学典籍产生的前提，文学典籍则是文学发展结果的归纳。

第三章

经：
儒家经典传千年

一、周人生活风貌再现——《诗经》

"关关雎鸠，在河之洲。窈窕淑女，君子好逑。……"这朗朗上口的诗歌，大家一定不陌生，这正是出自《诗经》的名篇《关雎》。

《诗经》是我国最早的一部诗歌合集，全文大约 39234 字，共包含诗歌 311 篇，其中有 6 篇只有标题而无内容，因此一般认为共有诗歌 305 篇。

《诗经》收录的诗歌产生于西周初年至春秋中叶的五百年间，因为年代久远，时间跨度长，且是合集，其中很多作品的作者是谁，已经无法考证。至于是谁整理的，一般认为是由西周时期尹国国君尹吉甫采集，孔子编订而成。相传，周天子为了方便了解民情，制定国策，在宫廷中设立了"采诗官"。每到春暖花开之时，采诗官就会摇着木铎在各地民间走访收集歌谣，然后将那些能反映民间疾苦的作品整理成册，经由太师谱曲后，演唱给周天子听。

从内容上看，诗经共分为《风》《雅》《颂》三部分，其中《雅》又分为《大雅》和《小雅》，《颂》又分为《周颂》《鲁颂》和《商颂》。

《风》是《诗经》的核心内容，主要收录的是包括今陕西、山西、河南、河北、山东在内的多地民歌，共有 160 篇，其中的名篇有《硕鼠》《桃夭》《蒹葭》等，广为人们传颂。

《雅》的内容大多是周朝贵族在祭祀时为祈求福泽、歌颂祖德而吟唱的乐歌，此外还有反映人民愿望的讽刺诗以及部分民歌，共有 105 篇，作品主要有《文王》《民劳》《鹿鸣》《采薇》等。

《颂》是周王庭和贵族宗庙祭祀的诗歌，共有 40 篇，名篇有《清庙》《噫嘻》等。

《诗经》的内容十分丰富，涵盖了劳动、恋爱、婚姻、风俗、战争、徭役、天象地貌、动植物等多方面，既有统治者开疆辟土的颂歌，也有奴隶被压迫剥削的呐喊；既有贵族歌舞升平的场景，也有普通百姓生活的画面，是周王朝由盛而衰五百年间中国社会生活面貌的形象反映。

《诗经》关注现实以及真实生活中的情感，是中国现实主义诗歌的源头，表达了人们对美好事物的追求和对丑恶现象的鞭挞，如《击鼓》中的"执子之手，与子偕老"，《十亩之间》采桑女"桑者闲闲兮"的悠闲心情，《七月》对奴隶悲惨遭遇的描述，《硕鼠》中对剥削者的讽刺等。

《诗经》描写事物时常用赋、比、兴的表现手法，赋即平铺直叙，比就是打比方，兴就是由物引发歌唱。三种手法交互使用，使得诗歌中的艺术形象更加生动丰富，也便于作者情感的抒发。

《诗经》在中国文学史上具有崇高的地位和深远的影响。它奠定了中国诗歌的优良传统，为后世文学创作尤其是诗歌创作提供了艺术写真的楷模与借鉴范式，又因为其所包含的广博而久远的历史内容，而具备多方面的价值，包括历史价值、民俗价值、礼乐价值等。

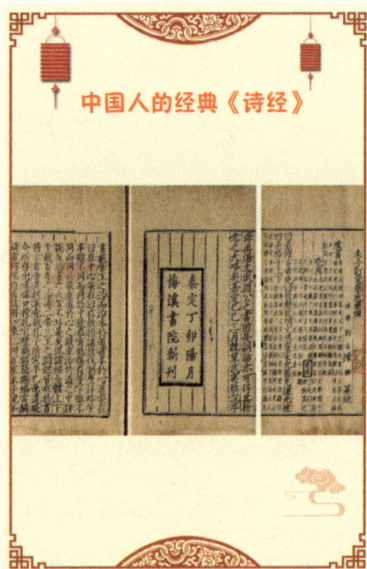

中国人的经典《诗经》

二、《尚书》: 中国最古老的皇室典籍

《尚书》是儒家五经之一，主要内容由上古时期皇家档案文件汇编而成。《尚书》中的"尚"的意思，有三种说法：一是意为"上古"，"尚书"就是上古的书；二是"尊崇"，"尚书"即被人们所尊崇的著作；三是"君上"，"尚书"也就是对君主言论的记载。

尚书也称《书》《书经》，是一部追述古代事迹著作以及皇家历史文件的汇编，全书约 25700 字，主要分为《虞书》《夏书》《商书》《周书》四部分，各部分又细分为带有特定主题的篇章，如《虞书》有《尧典》《舜典》《益稷》等，《夏书》有《禹贡》《五子之歌》等，《商书》有《汤誓》《尹诰》等，《周书》有《召诰》《君牙》等。

《尚书》是儒家核心经典之一，为历代儒家子弟研习的基本著作。相传《尚书》为孔子编订。孔子晚年时，致力于整理古代著作。他收集了从尧舜时代至春秋秦穆公时期的各类重要文献资料，然后从中选出了 100 篇，汇集成了百篇《尚书》，以此来教导自己的学生。

如今流传下来的《尚书》中并没有百篇内容，多是根据东晋元帝时期的豫章内史梅赜（zé）所献版本编修的，由《今文尚书》和伪《古文尚书》汇集而成。其中，今文被认为是真本，而古文则是梅氏伪造的。事实上，《尚书》的真伪、聚散过程是极其复杂曲折的，因此无法清楚确切地判定。

《尚书》收录的内容为虞、夏、商、周各代典、谟、训、诰、誓、命等

文献。"典"即重要史实或专题史实的记载；"谟"是对君臣谋略权术的记录；"训"则是臣子对君王进谏、开导的言论；"诰"是君王勉励众人的文告；"誓"是君王训诫士众的誓词；"命"就是君王的命令。

通过这些帝王将相的言论，《尚书》传达出了很多有价值的观点和教训，其中最引人注目的是从天命角度对历史兴亡的解释，对现实有着重要的借鉴意义，其内核可以分为两个方面来阐述：一是敬德，二是重民，如《尚书·尧典》中"克明俊德，以亲九族。九族既睦，平章百姓。百姓昭明，协和万邦"，《尚书·虞书·大禹谟》中"无稽之言勿听，弗询之谋勿庸"，都是对这一观点的论述。

《尚书》中的文章多以散文的形式写成，脉络清晰，有一定的层次结构，因而就文学意义而言，《尚书》是中国古代散文已经形成的标志。到春秋战国时期，很多文人在写作时开始继承散文体裁，使其获得了极大的发展，具备了强大的影响力，以至于秦汉以后，各个朝代的诏令、制诰、章奏所用的文体，都明显地受到了它的影响。

《尚书》反映了商、周王朝由建立到兴盛的过程，保存了商和西周初期的一些富含治国理政思想的重要史料。自汉代以来，《尚书》就一直被视为中国封建社会的政治哲学经典，在历史上很有影响。

三、郁郁乎文哉——《周礼》

中国自古以来就是一个重视礼仪的国度，向来以"礼仪之邦"的大国风范立于世界民族之林，礼仪及与之相关的文化是中华传统文化的重要组成部分，而《周礼》一书的内容，正是古代华夏礼乐文化的展现。

《周礼》最初名为《周官》，世传由西周时期的著名政治家、文学家周公旦所著，是古代华夏礼乐文化的理论形态。全书45806字，包含"天官冢宰""地官司徒""春官宗伯""夏官司马""秋官司寇""冬官百工"等内容，是先秦时期社会政治、经济、礼法诸制的记载和解释。

《周礼》可以看作是通过官制来表达治国理念的著作。它所涉及的内容包含社会生活的各个方面，所记载的礼仪体系是最为系统的，既有对祭祀、丧葬、册封等国家大典的礼制概述，也有对钟鼎、服饰、礼玉等具体事物的规范制度，以及各种礼器的等级、形制、组合的记述，并且这些记载大都有史料根据，因而具有很高的价值。

《周礼》的成书，反映出来的也是我国礼乐文化的形成。上古五帝时代，虽然已经出现了礼乐的身影，但也只是萌芽，并未形成制度和系统。周朝初建时，作为西周的开国元勋，周公旦为了维护宗周统治，配合政治上的分封制，将上古到殷商时期的礼乐进行了归纳整理，创立了一套完整的囊括生活各方面包括饮食、祭祀等的礼乐制度。

此后，社会生活几乎所有领域都被纳入了"礼"的范畴，礼制也因此成为一种系统化、普遍化的社会典章制度和行为规范。基于此，更多的礼乐制度应运而生，从而形成了孔子所感叹的"郁郁乎文哉"的礼乐文化。"郁郁乎文哉"的意思是"多么丰富多彩的礼仪制度"，出自孔子之口，表达了对西周礼仪制度的赞叹和对当时社会环境的向往。

如此繁多的礼制，如此多彩的礼乐文化，自然就催生了相关书籍的诞生。《史记·周本纪》载："既绌殷命，袭淮夷，归在丰，作《周官》。"说的是周公旦废黜殷祀，袭击淮夷以后，回到西周首都丰京，写下了《周官》。

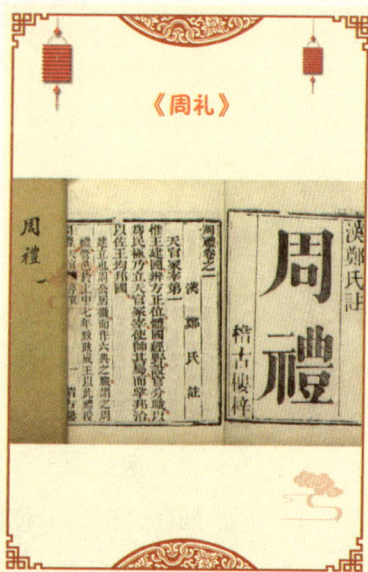

《周礼》中的制度设计，除了规范的作用外，还体现着一种周礼精神，即儒家所倡导的"仁爱"精神，更确切地讲，应该是"仁爱精神"的升级版"博爱精神"。

儒家的仁爱观念，包含"等差之爱"和"一体之仁"两个方面，既承认"爱有差等"的生活实情，又倡导人们通过"推扩"来超越这种差等，走向"一视同仁"。所谓"推扩"，就是推己及人、推人及物，和我们如今所说的"换位思考""设身处地"所表达的意思是相近的，比如《论语》中的"己所不欲，勿施于人"，就是"推扩"的运用。

而将"等差之爱"进行"推扩"，最终形成的就是"博爱"，构成了制度规范正当性的依据。如《周礼》的保息制度"以保息六养万民：一曰慈幼，二曰养老，三曰振穷，四曰恤贫，五曰宽疾，六曰安富"，便是"博爱精神"的最佳体现。

《周礼》不仅记载了系统的礼乐制度，含有丰富的治国思想，还对先秦时期的社会风貌进行了详细且准确的记载，堪称中国文化史之宝库，对今人研究古代历史和礼乐文化有着非比寻常的重要意义。

四、《左传》：诸侯争霸的历史

《左传》是一部记史文学作品，同时也是儒家经典之一，通过记述春秋时期的具体史实来说明《春秋》的纲目，与《公羊传》《谷梁传》合称"春秋三传"。

《左传》，也叫《左氏春秋》，汉代时还曾叫《春秋左氏传》，是中国第一部叙事详细的编年体史书，同时也是杰出的历史散文巨著，相传为春秋末期鲁国史学家左丘明所著。全书共 18 万字，35 卷，依照鲁国十二公的顺序，记录了鲁隐公元年（公元前 722 年）至鲁哀公二十七年（公元前 468 年）共 200 多年间各方面的历史，与《公羊传》《谷梁传》合称"春秋三传"。

《左传》以周王室衰微与各诸侯争霸为线索，详细记载了各国政治、经济、军事、外交和文化方面的大事件，并在这一过程中，贯串了对周王朝和楚、卫、宋、秦、越等十多个诸侯国典章制度、风俗习惯、天文地理、神话传说、民族关系、歌谣文献等的描述和评论，内容翔实而规模宏大，篇幅在儒家十三经中居于首位。

春秋战国时期，我国各类文化的发展尚处于萌芽阶段，史学演进也不例外。当时各诸侯国编撰的史书，内容都比较简单零散，往往只记载历史大事件的纲目，而不叙述具体内容，如《春秋》。《左传》则打破了这种形式，采用编年体的方式对《春秋》一书中记载的历史大事件进行了具体注解，它虽以《春秋》为纲，但记事范围之广泛，叙述内容之详赡，却是《春秋》远不可及的。《左传》在史学界的瞩目成就、在历史上的巨大影响也正是来源于此。

可以说，《左传》代表了先秦时期史学发展的最高水平，它对史事的详细记载为后世研究先秦历史提供了宝贵资料，它编年体的记事方式对确立编年体史书的地位起了很大作用。西汉司马迁著《史记》、北宋司马光著《资治通鉴》，所用体裁和手法均是受《左传》的影响。

因此在史学领域，《左传》被认为是继《尚书》《春秋》之后，开《史记》《汉书》之先河的重要典籍。

在文学领域，《左传》也有着不可忽视的地位。因为长于记述战争，善于刻画人物，且用词准确丰富，而被认为是一部非常优秀的文学作品。正如《经学通论·春秋》所评论的："左氏叙事之工，文采之富，即以史论，亦当在司马迁、班固之上，不必依傍经书，可以独有千古。"

此外，《左传》中所传达出来的儒家思想也对后世产生了强烈的陶染作用，如长幼尊卑有序、注重伦理道德等，其中最为突出的就是"民本"思想，如"国将兴，听于民；将亡，听于神"。

所谓"民本"，就是"以民为本"，主要表现为亲民、爱民、重民、安民、贵民等，是古代贤明的君主、相臣为维护和巩固其统治而倡导的一种统治观，即"水能载舟，亦能覆舟"。

不管是从史学角度还是从写作技法或者传达出的主旨思想来看，《左传》都有着极高的价值和意义，因而备受历代统治者的推崇，成为封建统治阶级的教科书和科举取士的考试内容。

五、《论语》者，孔夫子之言行

《论语》是我们非常熟悉的古籍，我们学过或听过不少来自《论语》的内容，但那些内容于浩瀚广博的《论语》而言只不过是冰山一角。

《论语》是一本记录孔子及其弟子言行的语录体散文集，由孔子的弟子及再传弟子编制而成，全书约 15900 字，共包含 20 篇，492 章。

春秋时期，私人讲学开始兴起，在那个精神文明尚且蛮荒的时代，孔子致力于教育，开办了规模宏大的私学。相传，孔子共有弟子三千人，贤弟子七十二人，堪称春秋末期最大的私人讲学团体。对此，《史记》中就有相关记载，《史记·孔子世家》说："孔子以诗书礼乐教，弟子盖三千焉，身通六艺者七十有二人。"

孔子不仅在曲阜设立学堂，还经常外出游历讲学。这时候他的一些弟子也会相伴于左右，这就使得孔子及其弟子的言行得以被记录保存下来。孔子去世后，其弟子仲弓、子夏、子游、子贡因忧虑师道失传，商量整理孔子及其弟子讲学时的言行语录和思想以纪念老师，后来又和少数留在鲁国的同门及再传弟子把记录下来的内容进行了汇编，《论语》就此诞生。

叙述方式上，《论语》所用的是语录体和对话体，直接还原了孔子及其弟子讲学时的情形，语言朴实生动、简洁易懂。不过，这并不代表整本书的内容都是短小零散、言简意赅的，有些语句和篇章也非常讲究辞章的运用和文章结构的完整性。

如《子路、曾皙、冉有、公西华侍坐》一篇，内容多，篇幅长，结构完整，对人物的表情、动作都进行了细致的描述，既刻画出了极为鲜明的人物形象，也传达出了丰富而深刻的思想内涵，称得上是一篇合格的记叙文。

内容上，对孔子各方面的描述是《论语》的主体，包括孔子的容貌仪态、个性修养、信念理想、衣食住行和生活习惯等，反映了孔子在政治、教育、道德、伦理、审美、功利等方面的思想。

当然，孔子之外，其贤弟子也是《论语》主要的描述对象。通过生动传神的刻画，许多有修养有情趣的孔门弟子形象跃然纸上，如聪慧刻苦的颜回、率真直率的子路、能言善辩的子贡等。且由于《论语》中的记载有不少出于曾子的学生之手，所以其中对曾子的描写极为细致，给人留下深刻的印象。

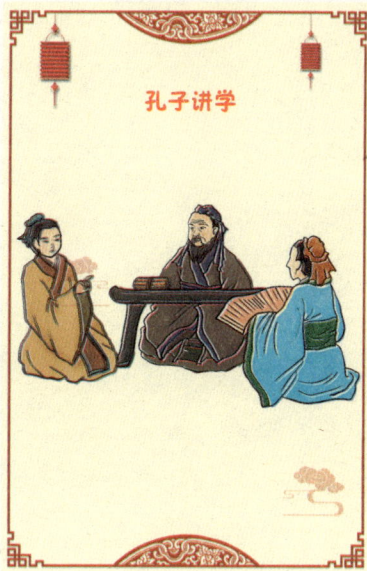

孔子讲学

总的来说，《论语》所包含的内容极为广博，涉及政治、文学、教育以及个人立身处世等各方面，是孔门弟子集体智慧的结晶，较为集中地体现了孔子及儒家学派的政治主张、伦理道德及教育原则等，对后世研究儒家思想、个人修德、从政治国等都有深远影响。

《论语》成书于战国前期，自汉武帝推行"罢黜百家，独尊儒术"之后，被尊为"五经之辖辖，六艺之喉衿"，南宋时理学家朱熹将《大学》《中庸》《论语》《孟子》合为"四书"，使之在儒家经典中的地位日益提高。到元代时，"四书"被定为科举考试的必考书目，《论语》便成了士人学习苦读奉行的金科玉律，这种情况一直持续到清末科举考试被废除。可见《论语》在古代文人及从政者和统治者心中的地位。

　　而在文明高度繁荣的今天，《论语》依然发挥着它的作用。在为人处世上，它教导我们"己所不欲，勿施于人""君子成人之美，不成人之恶"；在学习求知上，它告诉我们"不愤不启，不悱不发""学而不思则罔，思而不学则殆"；在道德义理上，它告诫我们"君子坦荡荡，小人长戚戚""其身不正，虽令不从"。除了这些经久不衰的做人做事的道理外，它所包含的一些治国观点，也有一定的参考价值，如"为政以德，譬如北辰，居其所而众星共之""道之以政，齐之以刑，民免而无耻；道之以德，齐之以礼，有耻且格"等。

六、《孝经》：百善孝为先

中国人向来重视孝道，孝养父母是中华民族的传统美德。在古代社会，孝道更是被看作百善之首，是社会的基本道德规范。如古代所兴的"举孝廉"，表示一个人如果足够孝顺，是可以被推举成为官员的，可见当时对"孝"的重视程度。《孝经》正是一部以论述孝道为主的古籍。

《孝经》是一部以"孝"为中心的政治伦理著作，其中阐述了孝道以及"以孝道治理国家"的思想，是儒家的经典著作之一，全书共 2369 字，分为 18 章。

第一章"开宗明义"是全文的主旨，指出了"孝"的意义和重要性，认为它是修养各种美好德行的前提，如"夫孝，德之本也，教之所由生也""夫孝，始于事亲，中于事君，终于立身"。

第二章至第六章，按照天子、诸侯、卿大夫、士人、庶人的阶级顺序，说明了不同地位的人需要遵循的孝道标准，如天子之"孝"要"爱敬尽于事亲，而德教加于百姓，刑于四海"；诸侯之"孝"要"在上不骄，高而不危；制节谨度，满而不溢"；卿大夫之"孝"要"非法不言，非道不行；口无择言，身无择行"；士阶层的"孝"要忠顺事上，保禄位，守祭祀；庶人之"孝"要"用天之道，分地之利，谨身节用，以养父母"。

第七章至第九章，主要讲述了"孝"的地位和作用，以及在治国、教化方面的运用，如君王如何进行"孝治"，圣人又如何利用孝道感化众人等。

第十章、第十一章以及第十五章、第十七章、第十八章讲的是在实际生活中对"孝"的实践以及对相关问题的解读，如该如何尽孝、不孝的行为有哪些、父母犯了错误孝子该如何处理等。

第十二章至第十四章以及第十六章可以看作是对以上内容的补充，对孝被看重的原因做了解释，且讲述了孝道与扬名后世、感应神明之间的关系，表明一个人会因忠孝而流芳百世，也会因为极孝而达到与神明相通的境界。

《孝经》以中国源远流长的孝文化为核心内容，虽然篇幅短小，字数很少，却有着无与伦比的影响力。

从早期社会开始，中国人的孝道理念就已经萌发，到春秋战国时期，孔子总结前人以及自己的实践经验对孝道进行了系统阐述，后因其"七十子之徒之遗言"而形成了《孝经》。

《孝经》成书于秦汉。西汉之后由于统治者宣扬"以孝治理天下"，作为详细论述孝道及孝治思想的经典书籍，《孝经》自然受到了推崇。

从那时开始，《孝经》就成为人们的启蒙读本，是修身养性的必读书目之一，在漫长的岁月变迁中影响了一代又一代中国人。一直到今天，它仍旧以一种独具中国特色的文化形态在发挥着自己的价值，帮助我们更好地实践孝道，进行社会建设。

七、最早的词典——《尔雅》

《尔雅》是辞书类文学作品。辞书即对字典、词典等工具书的统称。"尔"代表"近"的意思，"雅"有中正美好之意，在这里专指"雅言"。"尔雅"是指接近、符合雅言，即以雅正之言解释古汉语词、方言词，使之近于规范。

《尔雅》是中国第一部词典，成书于战国至两汉期间，最早收录于《汉书·艺文志》，作者不详。

《尔雅》原书有20篇内容，现存19篇，书中收录了丰富的词汇，共有词语4300多个，分为2091个条目，这些条目按照类别可分为释诂、释言、释训、释亲、释宫、释器、释乐（yuè）、释天、释地、释丘、释山、释水、释草、释木、释虫、释鱼、释鸟、释兽、释畜19类，每类一篇。

"释"就是解释的意思，释诂即用当时的通行语来解释古代的词，如"一，数之始也"；释言即解释某个字，如"克，能也"；释训即解释道理，传授经验教训，如"肃肃、翼翼，恭也"；释亲即解释亲属称谓，如"父为考，母为妣"；释宫解释住所格局布置，如"塓（guǐ）谓之坫（diàn），墙谓之墉"；释器解释生活用具，如"衣梳（liú）谓之裷（ní）"；释乐解释与音乐相关的包括器材和韵律，如"徵谓之迭，羽谓之柳"。

其余各类，则是解释天文地理、植物和动物。释天：春为苍天，夏为昊天，秋为旻天，冬为上天；释地：邑外谓之郊，郊外谓之牧，牧外谓之野，野外谓之林，林外谓之坰（jiōng）；释丘：一成为敦丘，再成为陶丘，再成锐上为融丘，三成为昆仑丘；释山：山大而高，崧（sōng），山小而高，岑（cén）；释水：井一有水一无水为瀱汋（jì què）；释草：苢（gé），山葱；释木：杜，甘棠；释虫：蚻（zhá），蜻蜓；释鱼：鱛（hào），大虾；释鸟：舒雁，鹅；释兽：豕子，猪；释畜：騊駼（táo tú），马。

这19类的内容有的彼此互为联系，有的则区别明显，整体来看可分为六项。释诂、释言、释训是专门解释字义词义的；释亲、释宫、释器、释乐是有关生活日常的；释鸟、释兽、释畜、释虫、释鱼是动物相关；释地、释丘、释山、释水是地理相关；释草、释木是植物方面的；释天是天文时令方面的。

《尔雅》汇总解释了先秦古籍中的很多字词，包含多个领域的知识，是古代儒生读书学习的必要工具书，也是他们增长见识的另类课外书，因而在各朝各代都备受推崇。

《尔雅》是中国第一部按照词义系统和事物分类来编纂的词典，被视为中国训诂的开山之作，对我国训诂学、古文字学、音韵学等的发展都有很大的推动作用，在中国文学史上有着崇高地位。

第四章

史：
纵古今，横万里

一、成一家之言的《史记》

"史家之绝唱，无韵之离骚"，这是鲁迅先生品读《史记》之后发出的感叹。这一句简短的评价先是赞叹了《史记》的史学价值——《史记》之后的史书都很难再与之相匹敌，后又肯定了其文学价值——《史记》的文学成就可与屈原的《离骚》相媲美。

《史记》也称《太史公书》《太史公记》《太史记》，是中国历史上第一部纪传体通史，由西汉史学家司马迁撰写而成。所谓"通史"，就是贯通古今，不以朝代为限。

《史记》所记载的历史极为长久，包含从上古传说中的黄帝时代至汉武帝太初四年共三千多年的历史，全书共 526500 余字，130 篇，分为 12 本纪、30 世家、70 列传、10 表及 8 书五部分，其中"本纪""世家""列传"三部分占全书的大部分篇幅，三者之中又以"本纪"和"列传"为主体。

"本纪"是对历代帝王政绩的记述，是全书的提纲。"本纪"以王朝更替为时间线，按照年份、月份顺序依次记述了上自上古黄帝，下至西汉汉武帝，各个帝王的政绩和言行，以及各个朝代发生的大事件，其中记载先秦历史的有 5 篇，分别为五帝、夏、殷、周、秦，剩下的 7 篇记载的是秦汉历史，分别为秦始皇、西楚霸王项羽、汉高祖刘邦、高后吕雉、汉文帝刘恒、汉景帝刘启、汉武帝刘彻。

"世家"主要讲述了王侯以及特别重要的历史人物的生平活动和各方面的

成就。"世家"，即有爵位有封地并能够将其世代继承的大家族，这些家族中的子弟一般被称为太公、公孙，例如太公望、周公等。而"世家"卷中有两个例外，那就是将孔子和陈涉列入了其中。我们知道孔子并非王侯，陈涉也只是农民起义的领袖，但此二人对中国历史的发展有着不可忽视的推动作用，因而作者如此安排也有一定的道理。

"列传"可以看作是对历史上著名人物的补充，是对帝王、诸侯之外各领域代表人物事迹的介绍以及少数民族人物传记，包括各个谋士如苏秦、张仪，公子如孟尝君、春申君，将相如廉颇、蔺相如、白起、李斯以及刺客、军事家等。

其余的两部分，"表"是以表格的方式对世系、人物和史事进行简单概括，"书"则是对古代社会各种制度的发展的介绍。

从以上的介绍不难看出《史记》的内容之多、篇幅之长，可以想象司马迁是经历了怎样的艰难才能完成此书。

汉朝建立后，由于重视文学发展，很多在东周、秦朝时被大量毁弃的古书被各地爱好文学的人士搜寻并献出，这就为史书编写提供了所需的材料。

司马迁的父亲司马谈任太史令时本有意编写《春秋》之后的史事，可惜壮志未酬身先死。父亲去世后，司马迁子承父志，继任太史令，以期完成父愿。

早年，司马迁曾游学各地，实地考察风俗民情，采集传闻逸事，后又搜集整理社会上流传的《世本》《楚汉春秋》等古籍以及各朝代皇家档案、诸子百家著作，为撰写史书做了充分的准备。

公元前104年，司马迁开始了《史记》的创作。公元前98年，司马迁因受到李陵败降匈奴事件的牵连被捕入狱并被处以宫刑。司马迁身心受到巨创，《史记》创作也被迫停止。出狱后，司马迁忍辱负重，立志继续编写《史记》，先后经历了十三年的时间才将其完成。

由于司马迁遵循"究天人之际，通古今之变，成一家之言"的修史宗旨，所用资料广泛且准确、修史态度严肃而认真、撰写手法别出心裁、辞章运用丰富恰当，因此《史记》内容翔实，包罗万象，塑造的人物形象经典生动，描写的战争场面惊心动魄，不管是在史学领域还是在文学领域都有极高的价值和崇高的地位。

二、《汉书》——风起云涌的西汉王朝

《汉书》是一部专讲西汉史事的书籍，由东汉时期史学家班固编撰，与《史记》《后汉书》《三国志》合称"前四史"。

《汉书》又称《前汉书》，是中国第一部纪传体断代史。断代史是相对于通史而言，指的是以朝代为限，专门记录某一个朝代的历史。《汉书》所记的都是西汉一代的史实，所以叫断代史。

《汉书》主要记述了从西汉汉高祖元年（公元前 206 年）至新朝王莽地皇四年（公元 23 年）间共二百三十年的历史，全书大约 742298 字，100 篇内容，包括 12 篇纪、8 篇表、10 篇志、70 篇传。

从篇章内容看，《汉书》与《史记》有很多相似的地方，实际上《汉书》也可以看作是对《史记》的续写。

《史记》成书后引起了广泛关注，由于其对汉代历史的撰写并不是特别详细和完整，当时就有很多人为其撰写了续篇。东汉史学家班彪在阅读续写的《史记》后，不甚满意，决定亲自动手撰写。后来，班彪去世，其子班固就继承父业，接力续写这部巨作。

汉和帝永元四年（公元 92 年），班固受到外戚窦宪牵连被捕入狱，后死于狱中。而此时《汉书》尚未完成，汉和帝就让班固之妹班昭续写，《汉书》八表就是班昭所写。八表完成后，班昭也随之西去。汉和帝又召班昭的门生马续继续撰写剩下的"天文志"，自此，《汉书》才终于完成，从开始创作算起已经过去了二十多年的时间。

《汉书》虽为《史记》的续写，但所记载的历史也有重叠，比如汉武帝中期以前的汉朝历史，两书中都有记述，不过由于作者对材料的取舍侧重、想要表达的观点、所用的叙事艺术等的不同，展现出来的内容还是有很大差异的。

比如《史记》中的"本纪"，《汉书》则改为"纪"，写法上略有不同，记述的人物也有差别，如西楚霸王项羽在《史记》中被置于"本纪"，到《汉书》中则被划分到了"传"。

"列传"篇，《汉书》也是以公卿将相为主，以边疆各族传和外国传为次，最后以乱臣贼子居末，但在依《史记》之法名列纲目外，也进行了不少增添改动，如其中有关文学人士研究学术、政治的内容，像《贾谊传》中的"治安策"、《公孙弘传》中的"贤良策"都是《史记》不曾有的内容；类传中如《儒林传》《酷吏传》《外戚传》《宗室传》等也是《史记》所没有的。

此外，《汉书》还将《史记》中的"书"改成了"志"，取消了"世家"，新增加了《刑法志》《五行志》《艺文志》等章节。在描述王侯将相的生平事迹外，对当时的行政区划、律令法规、民族风情、文化古籍、农业商业状况等做了更为详细和系统的论述。

《汉书》是继《史记》之后中国古代又一部重要史书，它所创新的纪传体断代史体裁，为其后历代正史书籍所沿用。它对《史记》纲目做出的一些改变对后世史书有着重要借鉴意义。它对西汉历史详细完备的记述，为我们了解西汉历史提供了极大便利。

三、《三国志》：荡气回肠的百年征途

那是一个天下动乱但人才辈出的年代，那是一个侠骨柔情与英雄豪气并存的时代，似乎每一个看过《三国演义》的人都会情不自禁地沉入那段传奇的历史中追思当时的风云人物。当然了，真实的三国历史可能并没有《三国演义》中描写得那般异彩纷呈，但是也有着一种别样的魅力，这段历史被晋朝史学家陈寿用简洁但有力的语言记述了下来。

《三国志》是一本纪传体断代史史书，记载了从东汉末年至西晋初年近百年的历史，以魏、蜀、吴三国为中心，描写了当时的重要人物和重大历史事件，展现了中国从分裂走向统一的历史全貌。

《三国志》全书共 350833 字，65 卷，其中《魏书》30 卷、《蜀书》15 卷、《吴书》20 卷。最初，《魏书》《蜀书》《吴书》三书单独流传于世，到北宋时才被合为一体，最终成书。

《魏书》包含"本纪"和"列传"，约占全书的一半篇幅，为曹操、曹丕、曹叡分别写了《武帝纪》《文帝纪》《明帝纪》。

而《蜀书》和《吴书》只有列传，蜀国君主刘备被记为《先主传》，吴国君主孙权则称《吴主传》，两者中《吴书》的篇幅较《蜀书》多一倍。

作者这样安排，其一是因为他是晋朝官员，晋承魏而得天下，所以尊魏为正统，描写帝王政绩的纪自然就只在《魏书》中出现了；其二是因为当时魏、吴两国都设有史官，且修有史书，资料比较充足，而蜀国则没有史官和史书，史料全靠陈寿一人采集，相对匮乏。

相较于其他正史书籍，《三国志》在篇幅上缺少记载王侯、百官世系的"表"以及记载经济、地理、法律、礼乐等的"志"。在记录史事上，文笔也较为简略，所用史料不够丰富，因此被认为是二十四史中较为特殊的一部。但这并不能否定它的价值和影响，《三国志》依然被列为二十四史中评价最高的"前四史"之一。

首先，《三国志》虽内容不够丰富，但取材精审、语言精练、文笔简洁，使人读起来非常顺畅且能快速抓住要领，因此备受推崇。据说，西晋文学家夏侯湛读了陈寿的《魏书》后，竟然直接打消了再写一部新魏史的念头。

其次，陈寿在书中表达的观点客观不偏激，对人物评价用词得当。南朝人刘勰在读过一些记述三国历史的史书后，在《文心雕龙·史传》篇中写道："唯陈寿《三国志》，文质辨洽，荀（勖）、张（华）比之（司马）迁、（班）固，非妄誉也。"说的就是，陈寿所写的《三国志》文笔简略得当，观点中肯。

此外，陈寿还尽可能地做到了"实录"，也就是真实记载历史事件。古代修编史书一般要为政治服务，迎合当权者，为统治者隐瞒、曲折部分于他们不利的历史真相。而《三国志》中尽管也有"曲笔"的现象，但陈寿已经尽可能地做到了他所能做到的据实表述，如他虽尊魏为正统，但在实际撰写时却是以魏、蜀、吴三国各自成书，如实记录了三国鼎立的局势。再如对某些事件的叙述上，他虽然并没有直白地表明，但在别处却透露出了一些真实情况。

不可否认，《三国志》有它的不足之处，但是其优点更加明显，因而能受到人们的广泛推崇，流传至今。

四、《隋书》：以史为镜，可以见兴替

唐太宗李世民曾说："夫以铜为镜，可以正衣冠；以史为镜，可以知兴替；以人为镜，可以明得失。"其中"以史为镜"的"史"指的就是隋朝历史。

《隋书》是以隋朝历史为主要内容的纪传体史书，记载了由隋文帝开皇元年（公元 581 年）至隋恭帝义宁二年（公元 618 年）共三十八年的历史，由唐代魏征主导、多位学士官员共同编撰而成，全书共 70余万字，85 卷内容，其中帝纪 5 卷、列传 50 卷、志 30 卷。

公元 617 年，唐国公李渊起兵争霸，并于次年建立唐朝，定年号为武德。武德四年（公元 621 年），当时的史学官令狐德棻提出修梁、陈、北齐、北周、隋等五朝史的建议，建议虽被采纳，但史书却一直未修成。

贞观三年（公元 629 年），唐太宗李世民下令重修五朝史。唐太宗因为亲历过隋朝的灭亡，因而十分看重其中的失败教训，对《隋书》的编撰尤为重视，就任命魏征为主编，多位饱学之士如颜师古、孔颖达、许敬宗等相辅，共同编写《隋书》。

由于参与编修的人都是当时学识渊博的有名之士，如颜师古是声名远播的经史大师，孔颖达、许敬宗、于志宁皆位列唐朝"十八学士"，负责修撰天文、律历的李淳风是著名的天文学家，因此《隋书》的修史水平是相当高的。

《隋书》对南北朝时期的典章制度描述详尽，是非常宝贵的史料。其他史书对南北朝时期的典章制度都记录得非常少，不便于后人对隋及其前几朝的制度进行了解研究。《隋书》在"志"的部分补充了这一方面的缺漏，不仅对隋朝的典章制度进行了叙述，还对梁、陈、北齐、北周的政治、经济情况进行了概括，对汉至隋六百年间的书籍存亡、学术演变进行了总结，为后世研究隋代及其前几朝的各类制度，包括礼仪、律历、天文、五行、刑法、百官等方面内容有极大的帮助。

此外，《隋书》还有两个明显的特点：一是"以史为鉴"的思想贯串全书；二是秉笔直书，较少曲笔（曲笔是相对于直笔而言的，指的是扭曲和隐瞒史实）。

《隋书》以唐太宗李世民提出的"以史为镜，可以知兴替"为指导思想，在对史实撰写时尤其注意总结凸显隋朝灭亡的因素，比如对隋朝君臣奢靡腐朽生活、隋朝君王的昏庸无道以及隋末农民起义的场景进行了细致入微的描写等。

魏征为人刚正不阿，所主编的内容大都直白叙述，较少隐讳。即使对帝王以及已经成为同僚的隋朝旧臣的评说也毫不客气，不加任何掩饰，如写隋炀帝时，说他"锄诛骨肉，屠剿忠良"、刻薄专断，对已成为唐朝大臣的裴矩、何稠等人曾经的作为也都如实写出。

《隋书》对中国学术文化史做出了巨大贡献，具备不可估量的史学价值。

五、充满感性的《新五代史》

将史书写出小说的感觉，让史事充满盎然的趣味，这是《新五代史》的与众不同之处。相比于其他正史类书籍，《新五代史》笔调轻灵，言语诙谐，能更多地勾起读者的阅读兴趣。

《新五代史》成书之初叫作《五代史记》，是宋代文学家欧阳修编撰的史书。之所以称为"新"，是因为在其之前，朝廷已经诏令薛居正等人官修了一本五代史。为了使两者区分开，所以更名为《新五代史》。

《新五代史》记载了中国五代十国时期分裂割据的局面，叙述了各国相互交战、存亡更替的历史。全书共计 29 万余字，分为 74 卷，其中 12 本纪、45 列传、11 世家及年谱，还有四夷附录 3 卷以及考 3 卷。

五代十国是一个极其动乱和分裂的时代。当时中原地区有后梁、后唐、后晋、后汉、后周五个小王朝的相继更替，中原之外又有吴、南唐、前蜀、后蜀、吴越、楚、闽、南汉、南平、北汉等十国。各个国家之间纷争不断，统治时间也都很短，且内部秩序混乱，纲常颠倒，道德伦理败坏。

在欧阳修眼中，五代就是一个"君君臣臣父父子子之道乖，而宗庙朝廷人鬼皆失其序"的"乱世"，是封建道德的败坏造就了那时分裂混乱的局面，即"礼乐崩坏，三纲五常之道绝，而先王之制度文章，扫地而尽于是矣"。

然而，《旧五代史》中并没有对这一方面进行详细叙述，于是欧阳修就自

己拿起笔重新撰写五代史，以抨击那些"臣弑其君，子弑其父"的无复廉耻
的现象。

内容分配方面，欧阳修完全摒弃了他此前编写史书时重视典章制度的做
法，只写了司天考、职方考两项。

编辑体例方面，《新五代史》改变了
《旧五代史》中以朝代为界限的编排方式，
而把五朝的本纪、列传综合在一起依照时
间顺序编排，并把列传分为家人传、杂臣
传等类别。

在资料使用上，欧阳修所用的范围更
加广泛，包括小说、笔记之类的记载，因
而《新五代史》中增添了不少《旧五代史》
所没有的史料，补充了不少事实。

在叙事方式上，欧阳修对一些片段的
记载更偏向于写故事、小说的风格，用词
丰富，描述生动，让人读来津津有味，还
因此塑造了一系列个性鲜明的人物形象，给读者留下了深刻印象。

总的来说，《新五代史》不像传统的史书那般严谨正经，而是带有浓烈的
个人情感倾向，笔调轻巧诙谐，事件记载丰富有趣，人物刻画灵动形象，但
这种做法也遭到了不少质疑和否定。如有人称欧阳修重褒贬、轻事实，过于
表达个人情感情怀而忽略了对事实的客观叙述。

与《旧五代史》相比，《新五代史》的史料价值确实稍显逊色，但却具有
结构严谨、文字凝练、提纲精准、选材讲究等诸多长处，因而在唐宋之后的
史学史上也有着一定的地位。

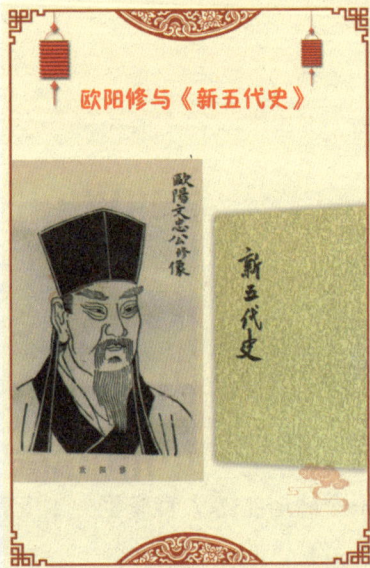

六、编修迅速的《元史》

有人评论《元史》说"其速无比，其陋无敌"，说的正是《元史》的编修速度非常快，但是这部典籍也因此存在极为严重的问题。

《元史》即记载元朝历史的史书，采用的是纪传体断代史记载的方式。在明代时，由宋濂、王祎（huī）受朱元璋诏令主持编修，全书约161万字，共210卷，分为本纪47卷、列传97卷、志58卷、表8卷。本纪中以元世祖忽必烈和元顺帝的记载最为详尽，列传中《释老》一传是创新内容，在此之前的史书中不曾出现，志书则对元朝的典章制度做了非常翔实的记录。

明朝开国皇帝朱元璋对修史十分重视，刚刚登上皇位，就下令开始编修前代史书。几个月后，以左丞相李善长为首的编史队伍就构建完成并开始行动了，其中李善长为监修，宋濂、王祎担任主要负责人，胡翰、赵埙等16位山林隐士为撰稿人，仅用了半年时间就完成了159卷。但由于缺少一部分史料，整本书的撰写并没有完成。在欧阳佑等儒士从各地将所需要的材料收集全后，元史的编写才再度开始，这一次又经历了四个月终于修完了全书。

元代是由蒙古族建立的政权。蒙古族是我国一个古老的少数民族，它起源于古代望建河即今黑龙江上游的额尔古纳河东岸一带。后来蒙古族人逐渐从那里走出，来到了更广阔的蒙古高原并安定下来，过上了逐水草而居的游牧生活。

公元 13 世纪，铁木真统一了蒙古地区诸部，被推举为蒙古大汗，建立了大蒙古国。从此以后，蒙古族成为中国北方地区一个稳定强大而又不断发展的民族，蒙古族的统辖范围也开始不断扩大。

公元 1219—1260 年，成吉思汗带领蒙古族进行了三次西征，此后，又挥师南下，攻占中原。成吉思汗去世后，蒙古人依旧没有停下南下的步伐，最终历经七十余年征战，忽必烈统一中国，建立了元朝。

成吉思汗建国以前，蒙古人还没有文字，因此其建国前后的历史并没有详细的记载，都是后来在畏兀儿字的蒙古文和蒙古新字诞生后追述的，内容非常简略，且有错误。

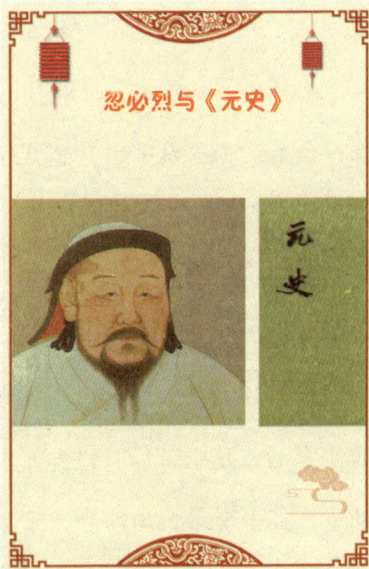

忽必烈与《元史》

元史

公元 1261 年，忽必烈设立了翰林国史院，开始编修国史，后又设蒙古翰林院，专用蒙古文记录史事。因此，蒙古各个帝王（除元顺帝外）时代的典章制度、经济文化、风俗人情等方面都有比较完整的实录。

在灭亡元朝的战争中，大将徐达攻入元大都，从中缴获了元十三朝实录和《经世大典》，为《元史》的撰写提供了主要资料。

此外，元代的《后妃功臣列传》《元典章》、王祯的《农书》、郭守敬的《授时历经》等都是修《元史》的重要参考材料。

　　由于编修时间仓促且出于众手，《元史》中存在非常严重的史料堆砌问题，取舍不当之处甚多，年号、官职、任命、地名等错误也很常见，没有做到融会贯通，自成一体。但也因为对史料的照抄，保存了大量珍贵的原始资料，使其具有了更高的史料价值。

七、大清帝国的兴衰——《清史稿》

公元 1616 年，女真人爱新觉罗·努尔哈赤在赫图阿拉建立后金，大清帝国就此掀开了历史的第一页。直到近三百年后，伴随着最后一个皇帝溥仪被迫退位，清朝才落下帷幕。自此，辉煌了千百年的紫禁城灯火骤暗。

《清史稿》是记载中国最后一个封建王朝——清朝历史的著作，于民国初年由北洋政府设馆编修。北洋政府是以袁世凯为首的晚清北洋军阀建立的中央政府，是中国继清朝灭亡后第一个被国际承认的中国政府。

《清史稿》记载了从清太祖努尔哈赤建国称汗到清朝灭亡共二百九十六年间的重要历史事件。全书篇幅巨大，800 余万字，共有 536 卷，包含本纪 25 卷、志 142 卷、表 53 卷、列传 316 卷。

《清史稿》的编修是一项巨大的工程，参与者有 300 人之多，主编为清末民初政治家赵尔巽，编修工作自设立清史馆起，历时十四年才结束。《清史稿》之所以被称为"史稿"，是因为它未经总阅修订即匆忙付梓刊行。当时，全稿初步成型时，赵尔巽就决定以《清史稿》之名将各卷刊印出版。他还在《发刊缀言》中指出，本书是"作为史稿披露"的"急救之章"，并非成书。

正因如此，《清史稿》在体裁体例、史实内容等方面有着极为明显的不足之处。

其一，有很多常识性的、语言性的错误。如人名前后不一致，地名错误，有日无月以及语言逻辑不通，语句颠倒、反复等问题。

其二，体例不合，繁简失当，内容重复。主要表现为目录与书不合，纪、表、传、志互不相合，一人多传等。

同时，此书在抒发情感、表述政治观点方面也存在较为主观偏激的问题，这主要是参与编修人员的原因。

当时，修史工作者多为清朝的遗臣，清政府虽已被推翻，但他们对其始终怀有热烈的情感，并将这种情感带入了修史工作中，因此，《清史稿》通篇都贯串着反对民主革命、颂扬清朝正统、鼓励复辟的思想。这在用词措辞上有着极为明显的体现，如将明末农民起义军称为"土贼"，称太平军为"粤匪"，视辛亥革命为"倡乱"。同时，作者们还为清朝隐瞒曲折了一些史实，这就对后世了解清朝历史产生了一定的误导。

当然，即便如此，《清史稿》还是有它的可取之处，否则也不会被列入二十六史之中。

《清史稿》的取材非常广泛，范围涉及清实录、清代的国史列传、清会典和一些档案，主要有《清国史》《清诏书》《东华录》《清实录》《清典志》等。这些史书典籍都保存得非常完整，内容也十分详尽丰富，为《清史稿》提供了大量原始素材。

这些资料被编者们汇集整理后形成较为完整而系统的篇章，使读者能够更简单清晰地了解整个大清王朝的历史，为后世研究清代历史提供了极大的帮助。

所以，《清史稿》尽管有诸多不足之处，但它的价值却是无法被忽视和否定的。

第五章

子：
通天文，晓地理

一、兵学圣典——《孙子兵法》

"知彼知己，百战不殆"这句常被人们引用的名言警句就是出自《孙子兵法》。《孙子兵法》不仅是我国古代军事思想的精华体现，更是世界级的文化瑰宝，在世界军事史上有着重要地位。

《孙子兵法》有《孙武兵法》《孙子兵书》《吴孙子兵法》等别称，是我国现存最早的兵书，也是世界上最早的军事著作，作者是春秋时期吴国的将军孙武。

《孙子兵法》全书大约 6000 字，共 13 篇，其中第一篇至第三篇，即《始计篇》《作战篇》《谋攻篇》，讲的是战略运筹，主要涉及制订作战计划以及谋略的使用；第四篇至第六篇，即《军形篇》《兵势篇》《虚实篇》，讲的是作战指挥，包括物资准备、士气调节、兵力配置等内容；第七篇至第九篇，即《军争篇》《九变篇》《行军篇》，讲的是战场机变，如怎样巧夺先机、如何制定战术、如何在行军中观察敌情等；第十篇至第十一篇，即《地形篇》《九地篇》，讲的是军事地理，意在告诉将领们怎样认识地形和作战环境，并据此制定合理的战术；第十二篇至第十三篇，即《火攻篇》《用间篇》，讲的是特殊战法，主要介绍了两种，一是以火助攻，二是配合使用多种类型的间谍。

除了内容的广度，孙武在内容的撰写方面也颇下功夫。

作者为每篇内容都设定了特定的主题，然后根据各个主题对内容进行编排。作者通过缜密的思维、精练的语言、恰当的修辞进行叙事和观点表述，使得人们能在行云流水般的文章中迅速获得要领，体会到作者的思想精髓。

如《谋攻篇》写用兵之法："凡用兵之法，全国为上，破国次之；全军为上，破军次之；全旅为上，破旅次之；全卒为上，破卒次之；全伍为上，破伍次之。是故百战百胜，非善之善者也；不战而屈人之兵，善之善者也。"可见《孙子兵法》逻辑严谨，语言简练，排比铺陈朗朗上口。而这些都有赖于作者卓然的军事才能和高水平的文化修养。

孙武出生于兵将世家，他的曾祖父和祖父都是齐国有名的将领。在这样的家庭环境下，孙武从小就受到了良好的教育，十分喜欢研究兵法。随着年龄的增长，孙武的军事才能也日益突出，他立志要在战场上做出一番事业。但苦于报国无门，一直未得到齐国统治者的重用。

隐居期间，孙武韬光养晦，潜心修行，写成了《孙子兵法》。公元前512年，在伍子胥的"七荐"下，吴王阖闾同意接见孙武。孙武就带着自己所著的兵法晋见吴王。朝堂上，吴王亲自向孙武抛出难题，以试验他的军事才能。面对吴王的提问，孙武见解独到，并当场操演阵法，引得吴王连声称赞。

后来，吴国采用孙武的一系列战略，如"伐交""因粮于敌"等，接连在战争中获胜，开拓了大片疆土。此后，孙武及其《孙子兵法》的名声越来越大，孙武显名诸侯，被尊为"兵圣"，《孙子兵法》被誉为"兵学圣典"和"古代第一兵书"。

《孙子兵法》集聚了丰富的军事理论和实战经验，历代都对其倍加推崇，对我国古代军事学术研究以及实际战争都有着重要的指导意义。在现代社会，《孙子兵法》的作用已经不再局限于军事领域，在商业、政治、工作、娱乐等生活的方方面面都能令人开拓思路，给我们提供解决问题的方法。

《孙子兵法》不仅仅是一部军事著作，更是几千年华夏文明的结晶，代表着炎黄子孙的智慧和思想，因而名扬世界，传播海外。

二、纵横学始祖——《鬼谷子》

《鬼谷子》属于策略学、兵法类书籍，涉及政治、外交、军事等领域，以研究社会政治斗争的谋略权术为主要内容。

《**鬼**谷子》也叫《捭阖策》，相传是战国时期著名谋略家鬼谷子王诩所著，被誉为"智慧禁果，旷世奇书"。

《鬼谷子》原文字数约 10000 字，全书共有 14 篇，其中第十三、十四篇已失传。

按照原书篇章划分，第一篇《捭阖》是全书的总纲，写的是纵横学说的理论依据；第二篇至第六篇《反应》《内揵》《抵巇》《飞箝》《忤合》描述的是应该如何对外部环境、组织进行分析，以更好地实施谋略；第七篇至第十一篇《揣》《摩》《权》《谋》《决》讲述的是说服的策略；第十二篇《符言》则说的是统治者言行修养的标准，是对前文的总结和升华。失传篇章为《转丸》《胠乱》，另有本经阴符七篇、持枢篇、中经篇。

周王朝末期诸侯并起，各国间战争日益加剧，这样的情况催生了一个新阶层的出现，那就是"士"。他们来自社会的各个方面，虽身份低微，但都学识渊博，有着某些方面的特殊才能，如孔子、孟子、庄子、商鞅等。这些中国历史上杰出的思想家、政治家、军事家，都是"士"出身。

王诩也是"士"中的一员，他创立了纵横家一派，因隐居于鬼谷，故得名"鬼谷先生"。在当时纷乱却又极具学术创新精神的环境感召下，鬼谷子东游列国，传道授学，还在齐国留下了宝贵的讲稿。在东游授学的过程中，鬼谷子收了许多弟子，除苏秦、张仪外，还有孙膑、庞涓等，他们后来都成为风云人物，在历史舞台上扮演着重要角色，也为历史发展做出了重大贡献，这些都为《鬼谷子》的成书创造了条件。

《鬼谷子》作为王诩的重要著作，在当时的主要作用是指导纵横家如何通过智谋权术及言谈辩论技巧，在国家政治、军事等方面实现既定的目标。书中阐述了很多谋略以及言谈辩论的技巧，并通过列举真实事例来进行论述，其中不乏鬼谷子门徒的经历，如"合纵六国"的苏秦、以"横"破"纵"的名士张仪等。

鬼谷子的思想学说之所以能在百家争鸣的时代显露出耀眼的光辉，除了与众不同的纵横理论，还在于他对于"道"的理解和运用，这在《鬼谷子》中有深刻体现。

如他在《捭阖》篇讲道"即欲捭之，贵周；即欲阖之，贵密。周密之贵微，而与道相追"，就是将"道"的周详隐秘引入游说纵横的谋略中，表达了注重细节、关注事物最细小的变化以防微杜渐的观点。

在《持枢》篇中，他还将为政治国、实施谋略与"法道自然"结合在一起，认为做事需要顺应天地四时。

后人对《鬼谷子》褒贬不一，但不可否认的是，它展现出了国人心思揣摩、谈判技巧和政治谋略的精华，至今对社会生活都有着一定的参考价值。

三、《本草纲目》：万物皆可入药

《本草纲目》对传统的本草学进行了全面的整理和总结，是集历代本草学之大成者，所包含的药物种类为历史之最，所论述的医学药理也极为丰富。

《**本**草纲目》是一部中医医学典籍，是明代医药学家李时珍呕心沥血之作，被誉为"东方药学圣典""中国第一药典"。

《本草纲目》全书约 190 万字，分为 52 卷，收录了 1892 种药物，11096 条药方，附图 1109 幅，其内容涉及范围广泛，在重点阐述各类动植物药性、中药基本理论、药物用法、服药禁忌以及饮食禁忌等内容之外，还对植物学、动物学、矿物学、农学、物理学等方面的知识有所记载，如对石油产地的记述、对嫁接技术的介绍、对雨量大小的推测、对少数民族用药习惯的描写等。

可以说，这本中医典籍，不管是从包含的药物种类，还是从知识性、实用性来看，都远超古代其他本草著作，这正是李时珍潜心研究、亲历实践、认真总结整理的结果。

李时珍从少年时期就随父从医，积累了丰富的临床经验，具有高超的医术。在长期行医的过程中，李时珍发现过去的本草书大都有很多明显的错误，且记载药物种类不够完善，名目还十分混乱，于是他就产生了重写一本本草书籍的想法。

明嘉靖三十一年（公元 1552 年），李时珍开始了他的本草撰写之旅。为了避免错误，使内容更加丰富、名目更加清晰，李时珍不但广采博收群书、考古证今，还常常进行实地考察，亲历亲证，整整花费了二十七年时间才将这本书完成。

书中，李时珍不仅将过去大部分本草书中的内容汇集在了一起，还增加了 370 多种新药物，并对这些药物进行细致的分类和配图，共分为 16 部、60 类。以植物类药物为例，先有草部、谷部、菜部、果部、本部等 5 部，其下再进行细分，如草部又被分为山草、芳草、隰（xí）草、毒草、蔓草、水草、石草、苔草、杂草 9 类，果部又被分为山果、瓜果、水果、味果、五果、夷果 6 类。这种分类方法是植物、药物分类学中一大开创性进步，早于西方植物分类学创始人林奈提出的植物分类法约 175 年。

此外，李时珍还对许多动植物的特性进行了修正和详解，并举生活中的实例进行说明，如常山可治疟疾、以象锡盛酒会导致人中毒等。

这本全面而翔实的医学大典本应该在其诞生之时就大放异彩，但因为书中对妄图长生不老、服食丹石成风现象进行了批判，对服黄连、泽泻可以成仙的说法亦做了驳斥，触犯了当权者的禁忌，因此受到书商、出版商的抵制，直到 1596 年才得以出版。

《本草纲目》问世后，迅速引起了广泛关注，很快就流传到了海外，被翻译成了日、德、英等多国文字，成为国内外医者的必读书籍。

《本草纲目》不仅使得中国医术得以推进，也为世界人民的健康做出贡献，还对植物学的研究起了很大的推动作用，被称为"中国古代百科全书"。

四、内容广博的《管子》

1996 年的春晚舞台上，饰演奸商经理的巩汉林和饰演打工者的老太太赵丽蓉用一盘"萝卜"向全国人民贡献了"群英荟萃"与"萝卜开会"的笑点，而《管子》正是一盘实打实的"群英荟萃"。

《管子》是先秦时期的重要著作之一，它虽托管仲之名，但一般认为是后世所作，成书大概在战国至西汉之间，主要记载了春秋时期齐国政治家、军事家管仲及管仲学派的言行事迹、治国思想，因其中道家和法家的内容相当，历史上对其派别划分有不同的看法，如《汉书·艺文志》将其列入子部道家类，《隋书·经籍志》将其列入法家类。

《管子》作者不详，全书约 16 万字，共 24 卷，86 篇，如今存世的版本有 76 篇，剩余 10 篇只有目录而无内容。由于其内容过于庞杂，且所用文字兼有战国、秦、汉各时期的文字，因而后世认为它并非一人一时所作。

《管子》一书包罗万象，在主要阐述法、道两家的思想之外，兼有对儒家、纵横家、兵家、农家、阴阳家等学派观点的表达，涉及政治、军事、经济、哲学、伦理、教育、自然科学等各个方面，如《牧民》《权修》《立政》等篇章从不同的角度讲述了为政之道、治国方略，并对管子的社会经济思想有一定的体现；《内业》篇的"天道之数，人心之变"则是哲学思想的体现；《宙合》篇谈及了阴阳家思想；《侈靡》《治国》等篇涉及经济生产等。

《管子》虽然容纳了各个学派的理论观点，取材广而杂，但它并不是材料的胡乱堆砌，它的每篇内容都有一以贯之的中心思想，有着系统的内在结构，语言表述、内容铺排也都富于逻辑性。可以说，《管子》是先秦时期独成一家之言的最大一部杂家著作，因而称得上是一盘"群英荟萃"。

《管子》一书最为出彩的部分，就是它将道家和法家的思想有机结合，同时吸收了众学派的思想长处，形成了一系列独特的观点，影响着后世，如书中提出的"精气论"在中国唯物主义宇宙观发展史上有重要意义。

管仲学派认为精气是万物构成的最小基本单位和实体，也就是说他们认为宇宙是物质性的。《管子》说"凡人之生也，天出其精，地出其形，合此以为人，和乃生，不和不生""气道乃生，生乃思，思乃知，知乃止矣"，即人是由精气生成的，人形成后才能产生思想。

《管子》虽侧重于唯物主义，但并没有否定鬼神的存在，不过它认为鬼神和人一样，也是由精气构成的。

这种将"物质"摆在第一位的观点对我国唯物主义的发展产生了深远影响，此后的唯物主义哲学家如柳宗元、王充等都曾受其影响。

总的来说，《管子》就是一部汇集了先秦时期各学派思想精华的著作，在古代是政治家从政治国的大经大法，在今天则是研究我国古代特别是先秦学术文化思想的重要典籍。

管仲像

五、古代农业百科全书——《齐民要术》

《齐民要术》是一部综合性农学著作，大概成书于北魏末年，由北魏、东魏时期杰出的农学家贾思勰（xié）撰写而成，是中国现存最早的较为完整的农书，也是世界性的农学专著。

《齐民要术》主要叙述了北魏及以前时期黄河中下游地区的劳动人民在农牧业生产、治理荒漠化、食品的加工贮存以及对野生植物利用等方面的经验和方法，概述了农、林、牧、副、渔等部门的生产技术知识，尤其对农作物的培育过程、注意事项等进行了详细描述，内容涉及地理、气候、畜牧、医药、烹饪、配种、园艺、造林等多个方面。全书约11万字，包括正文7万字、注释4万字，正文分为10卷、92篇。

《齐民要术》的产生源于农业的发展。北魏之前的百年间，中国北方一直处于割据混战的局面，社会经济发展停滞不前，农业生产也受到了不利影响，直到鲜卑族建立北魏后，北方地区才逐渐统一，经济发展也随之恢复。北魏孝文帝时，朝廷议政以农为首，鼓励农业生产，推动了农业生产的恢复与发展，贾思勰正是生活于这一时期。

孝文帝太和九年（公元485年），国家实行均田制，将大量荒地分给农民耕种，又规定了种植五谷和瓜果蔬菜，植树造林。当时农业生产蒸蒸日上，百姓生活和乐，国家经济昌盛。这使得贾思勰看到了农业的重要性，认为农业生产水平高低关乎着国家的强盛与衰败，由此产生了撰写农书的想法。

　　贾思勰为官期间，曾到过山东、河南、河北等地。在那里，他近距离地了解到当地百姓的农耕生活，包括他们的农业劳作、饮食、开荒过程等。由于对农业生产极为重视，贾思勰也时常亲自从事农业劳作，耕作时还经常向当地有经验的农民请教学习，吸收劳动人民的宝贵经验。这些经历使得贾思勰在短时间内积累了丰富的农学知识和实践经验，为《齐民要术》的编写做了充分准备。

　　北魏末年，贾思勰将前人农业生产的经验与自己的实践经验、走访获得的信息以及一些与农业相关的理论知识整合在一起，并做出细致的分类和有条理的叙述，最终形成了《齐民要术》。

　　书中，贾思勰对西汉时期的理财家耿寿昌提出的贮存粮食的方法以及政治家桑弘羊提出的"均输"经济政策十分推崇，而嘲笑孔子"四体不勤，五谷不分"，认为真正对国家有贡献的人，应当在农业生产、经济发展方面做出益国益民的事情来。

　　为了让自己撰写的书籍能真正在实际生活中发挥作用，而非"纸上谈兵"，贾思勰在书中对以实用为特点的农学类目进行了清晰而合理的规划，对一系列常见的生产创造活动如农作物选种、生物生长和环境的关系、恢复和提高土壤肥力的办法、植物的移栽和嫁接、养殖各种家畜的方法、家畜的配种问题、蔬菜的贮存技术、酒醋等发酵食品的制作保存等进行了详细记述，建立起了较为完整且实用的农学体系。

　　《齐民要术》高度概括了农业耕种、食品烹饪贮藏的精湛技艺，囊括了人们实际需要的各类实用性知识，对古代人的生产生活有着重要的指导作用，是中国古代的百科全书。

六、《博物志》：一部包罗万象的奇书

异境怪物、神仙方术、飞禽鸟兽、高山大川、奇闻异录……这些通通都能
在一本书中看到，这本书就是《博物志》，一本继《山海经》之后的奇书。

《博物志》是中国古代汉族神话志怪小说集，成书于西晋，作者是西晋博物学家张华，今本《博物志》由后人搜辑而成。

《博物志》共有 10 卷，记载了人物传说、神仙方术、异境奇物、神话故事等猎奇性内容，也包含山川地理、医学药理、民族学等科学性知识，是一部具有奇幻色彩和趣味性的书籍，属于闲情文学类。

作者张华从少年时期就聪敏多才，雅爱书籍，具备了高出同龄人的学识。张华的记忆力超强，因而能对天下古今的事物了如指掌。相传，晋武帝曾向张华询问汉朝宫室制度及建章宫千门万户的情况，这其中包含的内容非常烦琐杂乱，张华却能对答如流并画出了图样，让人惊叹。

由于张华素来对奇闻异录、神话怪物颇感兴趣，闲暇时也经常搜集相关的书籍来看，因此掌握了丰富的博物知识，后来就将其编成了小说集。

《博物志》中对山川地理的描写承袭《山海经》，如前三卷中记述的异人、异产、异俗、外国、鸟兽虫鱼等，大部分是对《山海经》内容的缩写，然后又加了一些作者本人收集的异闻。

神话奇物方面，《博物志》主要描写了神话世界的景象和人物，包括神仙、天宫、不死树等，其中"八月槎"的故事虽然以牛郎和织女为蓝本，但

并不老套，构思巧妙，令人遐想。

相传，人间八月的一天，一个住在海边的人被天河与海相通的传说吸引，突发奇想打算去天宫探险。于是他就自己制作了一只木筏，在上面搭了一间小屋，准备了很多干粮出发了。在海上漂流了数天后，他突然看到了一个富丽堂皇的宫殿，里面有许多正在织布的女子，正在诧异时，又遇见一个牵着牛的男子。那男子见了他非常惊奇，问他从何而来。那人回来后找到一个蜀中术士说了自己的经历，那术士说他曾观察过星象，星象显示近来确曾有人到天河同牵牛星打过交道。

从凡人的视角展现神人仙境，又以星象为证来结尾，给读者留下了无穷的想象，别具一格，意味悠长。

此外，《博物志》中的神话传说所用的大都是原始资料，这对后世研究远古人民的文化和思想有着重要意义。

作为中国第一部博物学著作，《博物志》填补了中国自古无博物类书籍的空白，也增加了人们的谈资，装点了人们茶余饭后的生活。

七、识人辨才的《人物志》

人们常说"知人知面不知心"，其中的"心"就可以理解为品性德行。在三国时期，有这样一本奇书，可以让人"知人知面也知心"。

《人物志》是一部品鉴人物德行性情的著作，属于玄学类，大约成书于三国曹魏明帝时期，作者是曹魏大臣刘劭。

《人物志》共 3 卷、12 篇，分为上、中、下三部分，上卷有《九征》《体别》《流业》《才理》4 篇，中卷有《才能》《利害》《接识》《英雄》《八观》5 篇，下卷有《七谬》《效难》《释争》3 篇。

《人物志》一书中蕴含浓厚的纵横家思想，同时也兼有儒、道、法、名、阴阳家的学说观点，运用纵横术、阴阳学等原理，将人的外观内在、个性才能、道德修养等联系起来，在对人性剖析的基础上，总结出了一套人物鉴识和人才驾驭的系统方法和诀窍，对如何识别人才、使用人才都有详细的论述。

汉代时，人们将人性的形成归为阴阳之气的凝结，认为天人之间互有感应，礼乐政教可以对命数性情起到调节教化的作用。魏晋时期，天人感应的思想转化为了自然无为也无可干预的天命观点，认为人的才、情是自然本质，在不同的人身上会表现出不同的形态，可以进行品鉴。

这种品鉴人物品性的观点对统治阶层产生了很大影响。魏文帝时期，曹丕接受了陈群的建议，采用九品中正制选拔人才，即从家世、品行、才能方面对士人进行评判，依据才品确定品级，最终交由朝廷裁决。

《人物志》一书是在以九品中正制品评人物、选择人才的大背景下形成的专著。刘劭作此书的目的就是为朝廷品鉴人才、选拔官员提供理论依据，使得九品中正制度更加完善，便于推行。

书中，刘劭先是对人的外在形态包括个性展现、气质、精神面貌等进行了分析。他认为人内在的材质与外在的形态有所联系，人的筋骨血气展现出来人的精神、形貌以及各种特质和德行，如"骨植而柔者，谓之弘毅；弘毅也者，仁之质也。气清而朗者，谓之文理；文理也者，礼之本也"等，即骨骼正直而柔韧的人，会表现出弘毅的特质，展现出仁爱的德行。气韵清朗的人，会是一个有文理懂礼数的人。

刘劭还根据人的才性将人物分为了"兼德、兼才、偏才"三大类，又根据其德才、思想偏向、所具备的技能等具体情况将人才分为 12 类，即清节家、法家、术家、国体、器能、臧否、伎俩、智意、文章、儒学、口辩、雄杰，并给出了对应的官职参考。

在甄别人才上，刘劭还提出了"八观五视"的方法。八观即对人的行为举止、情感反应、心理变化由表象而深至内里地观察识别；五视则是将人放入特定的五种情境即居、达、富、窘、贫中，根据人物的行为反应，考察其品行。

《人物志》是中国文学史上第一部集人才学、心理学、伦理学、政治学以及纵横理论为一体的人类学专著，同时在史学领域也是一部研究魏晋学术思想的重要参考书。

第六章

集：
承歌赋，连小说

一、《楚辞》：浪漫奔放的诗歌

"楚辞"也作"楚词"，本意为楚地的歌辞，后来发展成为一种诗歌体裁，而《楚辞》正是以"楚辞"为体裁或者效仿这种体裁的诗歌合集。

《楚辞》是我国最早的浪漫主义诗歌合集，是继《诗经》之后中国古代又一部重要的诗歌合集，由西汉文学家刘向收集整理而成，其成书经历了屈原始创、屈后仿作、汉初搜集、刘向辑录等历程。

春秋时期，长江流域的部分地区尤其是楚地因为特殊的地理位置、民俗风情和文化自成一体、独具特色。由于这里的人民能歌善舞，喜爱音乐，因而产生了大量个性鲜明且文思斐然的歌辞作品。

战国时期，屈原被流放到楚地，在这里他吸收楚地民歌中的精华，结合自身文学涵养，创作出了《离骚》等一系列巨制鸿篇，被后人效仿。到西汉武帝时，屈原所独创的诗歌类型已经发展成为一种成熟的文学体裁，即"楚辞体"，使用这种体裁和模仿屈原诗歌风格的文人也越来越多。西汉末年，刘向在奉旨搜寻天下遗书的过程中，将屈原、宋玉以及汉代人模仿"楚

古籍《楚辞》

辞"的作品整理到一起，统称《楚辞》。

"楚辞"是在楚地民歌的基础上，经过加工、提炼而发展起来的一种文学体裁，所用的是浪漫主义的创作手法，其作品篇幅较长，句式活泼，有长有短，在节奏和韵律上独具特色，往往有着热烈丰沛的情感和丰富的想象，具有浓郁的奇幻色彩和楚国风情，以屈原的《离骚》体现得最为明显，因而楚辞体又被称为"骚体"。

《楚辞》共有 16 篇内容，除了屈原和宋玉的楚辞，还有东方朔、贾谊、淮南小山、严忌、王褒、刘向诸人的仿楚辞之作，其中以屈原的作品为代表。这些作品以诗歌的形式对楚地的山川风貌、人物风情、历史发展进行了描述，情感充沛，浪漫奔放。

《楚辞》的出现打破了古代诗坛在《诗经》以后两三个世纪的沉寂，《楚辞》在中国诗史上与《诗经》有着同等重要的地位，后人常将这两者放在一起并称为"风""骚"。"风"即《诗经》中的十五国风，代表《诗经》；"骚"即《离骚》，代表《楚辞》。

因为"风""骚"代表了我国古典诗歌现实主义和浪漫主义创作的两大流派，后世常将二字合用代指诗歌，并称诗人为"骚人"。

《楚辞》创造了新的诗歌体裁，拓展了诗歌的表现领域，其独特的风格也对后世小说、戏剧、散文等产生了不同程度的影响，对中国文学的发展有着不同寻常的意义。

二、花间词人经典力作——《花间集》

曼妙的身姿，如花的容颜，情爱的牵绊，唯美的意境，错彩镂金，雕缋（huì）满眼……这些就是人们对于《花间集》的印象。它是文雅的，是优美的，是动情的。

《花间集》收录了我国晚唐至五代时期18位词人的作品，是我国第一部文人词总集，成书于五代十国，由后蜀人赵崇祚编辑。

《花间集》共收录了500首词，分为10卷，词作者都是花间派词人，除温庭筠、皇甫松、和凝三位外，其余15人均为后蜀人。

"花间派"产生于晚唐至五代时期，是我国第一个词派，得名于《花间集》。之所以称为"花间"，是因为其作品以描写闺中女子的日常生活和爱恨情思为主，把女子的体态容貌以花相比喻，常有贵族歌舞宴乐、男女传情之事，且辞藻华丽、词风香软。

填词风气，在晚唐五代已十分普遍，当时的词人以温庭筠最有影响力。温庭筠出身于没落贵族家庭，精通音律，富有文采，又因长期出入歌楼妓馆，对女子闺情十分了解，因而偏爱写妇女的幽怨哀愁，擅长浓艳之词，是中唐以后作品最多且较有影响力的词人。

五代十国时期，由于前蜀、后蜀朝廷皆腐败无能，统治者穷奢极欲，沉湎于歌舞伎乐，常召集文人填词作曲，曲子词由此盛行。《花间集》就是为宫廷贵族歌伎伶人演唱提供的曲子词选本。

受到上流社会的风气影响，这一时代的词人们刻意模仿温庭筠的词风，作品专写闺中女子、贵妇美女的生活情态。

在前、后蜀这群诗人词人中，有一人虽也是写相似的内容，但风格却大不相同，他就是韦庄。韦庄也是以闺房情怨、艳情离愁为主要抒写对象，但不同于"温派"的华美浓艳，其词更偏向于淡雅秀丽。其余花间派词人，不外乎这两人的风格。

《花间集》所收录的词曲作品就是以温、韦二人风格为代表，大都是歌咏旅愁闺怨，捎带一些风景花鸟描写，多局限于男女燕婉之私，题材狭窄，内容空虚，格调不高，但也有一些作品涉及史事古迹、风物人情、边塞旧事等，如鹿虔扆（yǐ）的《临江仙》、欧阳炯的《南乡子》，抒写家国情怀，歌咏风土人情，具有一定的现实意义。

动荡不安的社会与香艳豪奢的内容形成鲜明对比，这使得《花间集》的价值一度被低估。从内容和现实意义来看，《花间集》的确有着不可忽视的缺点和局限性，但从中国诗词发展的历史来看，它却是里程碑一样的存在，标志着词脱离了诗的范围，正式登上了文坛。

此外，《花间集》作品中对于情感的细腻表达、对于人物、景物的唯美描写，充分展现了生活美学，反映了早期词史上文人词创作的主体取向、审美情趣等，也为后人在叙述同类事物上提供了一定的参考。

《花间集》确立了"词"的文学体裁，规范了"词"的美学特征，对词的发展和繁荣有着重大影响，在文学艺术史上有着不可否认的贡献和地位。

三、《西游记》：一个神奇瑰丽的幻想世界

在众多古典小说中，《西游记》无疑是一部极具趣味性和娱乐性的作品，历来受到广大读者的欢迎。几百年来，唐僧师徒西天取经的故事一直被人们传颂，并在现代社会屡屡登上荧幕，丰富着人们的文娱生活。

《**西**游记》是中国古代第一部浪漫主义章回体长篇神魔小说，中国四大名著之一，一般认为其作者是明代的吴承恩。

《西游记》主要讲述了唐朝高僧玄奘在四位法力高强、样貌奇特的徒弟保护下，一路降妖伏魔，历经九九八十一难取经的故事。全书约 870000 字，共 100 回，分为三个部分，第一回至第七回写孙悟空在花果山称王及大闹天宫的经历；第八回至第十二回写取经的缘由和唐僧的身世；第十三回至第一百回写唐僧师徒在取经途中所经历的八十一难。

《西游记》故事的真实原型发生在唐朝贞观年间。唐太宗贞观元年（公元 627 年），僧人玄奘徒步前往天竺游学。他从都城长安出发，跋涉数万里，历尽艰难，终于在十七年后到达了目的地。玄奘在印度学习了两年多，掌握了大量的佛学知识，于贞观十九年（公元 645 年）回到了长安，并带回佛经 657 部，在当时引起了极大的轰动。

后来，玄奘的弟子辩机将玄奘在西行途中的所见所闻整理撰写成了《大唐西域记》，内容主要是西域各国的历史、地理及交通概述。再后来，辩机的弟子慧立、彦悰在《大唐西域记》内容的基础上，又增添了许多奇幻故事，

写成了《大唐大慈恩寺三藏法师传》，使得玄奘西行有了不少神话色彩，进而在民间流传开来。

到明代时，有关于玄奘西游的话本、戏剧、传说故事等更加丰富。吴承恩就是在这些资料的基础之上，经过再加工和创造，完成了《西游记》的创作。

《西游记》运用浪漫主义手法描绘构造了一个神奇瑰丽的虚幻世界，其间人、鬼、神、佛、妖集聚一堂，彼此之间既相互联系，又相互斗争。作者通过唐僧师徒取经路上的一个个奇遇故事，展现出人、鬼、神、佛、妖之间的矛盾和冲突，并在这一过程中塑造出了一系列生动深刻的人物形象，如神通广大、富于反抗精神的孙悟空，心慈手软、相貌轩昂的唐僧，好吃懒做、头脑灵活的猪八戒，踏实肯干、吃苦耐劳的沙悟净，英俊潇洒、疾恶如仇的白龙马，端庄貌美、救苦救难的观音菩萨等。

《西游记》虽有着奇幻荒诞的外壳，但却具有丰满的现实血肉和生活气息。作者通过这样一个虚构的世界和一系列极具趣味性的故事，来反映现实社会的世态人情和世俗情怀，揭露现实中的黑暗现象，无情地批判了统治阶级的昏庸无能、荒淫残暴，热情歌颂了不怕艰难、敢于斗争、藐视一切封建权威的反抗精神，反映了中国人民摧毁社会上一切邪恶势力以及征服大自然的愿望和信心。

四、《红楼梦》：一场如梦如幻的现实人生

世有南柯一梦，红楼何尝不是一梦？昨日钟鸣鼎食，吟诗作画，点墨成香；今朝曲终人散，人去茶凉，不过旧梦一场。梦中之人生死悲欢，写梦之人涕泪泣血，看梦之人热泪盈眶。

《红楼梦》是一部章回体长篇小说，是中国古典小说的巅峰，一般认为是清代曹雪芹所著。但由于内容方面的问题，大多数研究《红楼梦》的学者都认为曹雪芹并没有将其写完，只完成了前 80 回的创作，后 40 回为高鹗续作。

《红楼梦》以贾宝玉和林黛玉的爱情婚姻悲剧为主线，描写了以贾家为代表的贾、史、王、薛四大家族的兴衰，展现了封建大家族各种错综复杂的矛盾冲突，内容涉及封建婚姻、文化、教育、人情世故等多个方面。全书约 96 万字，共 120 回，前 80 回约 60 万字。第一回至第五回介绍了《红楼梦》故事的源起和主要出场人物；第六回至第一百一十九回主要写贾府兴衰及各个人物的命运；第一百二十回写甄士隐与贾雨村对红楼梦作结。

《红楼梦》中富家公子贾宝玉"生于繁华，终于沦落"的人生正是作者曹雪芹本人的真实经历。

曹雪芹的祖父是清朝时期的江南织造曹寅，康熙年间是曹家最为繁盛的时期。曹寅曾是康熙的侍读，非常受康熙的喜爱，曹寅的母亲也就是曹雪芹

的曾祖母是康熙的乳母，曹家和皇室的关系非常密切，有众多有声望的亲朋好友密切来往，是名副其实的百年望族。

曹雪芹正是出生于这一时期，真可谓"衔玉而生"。由于良好的家庭条件，曹雪芹从小过着极好的物质生活，更有丰富多彩的文学艺术熏陶，诸如诗词、戏曲、美食、医药、茶道、小说等知识都唾手可得。少年时期，曹雪芹在南京江宁织造府度过了一段锦衣纨绔、富贵风流的时光，这就是小说中贾宝玉生活的原型。

雍正六年（公元1728年），曹家获罪被抄家，家族势力和财产全都消失殆尽，举家搬往了北京的老宅子。为还外债，曹家一度将老宅田地变卖，后来又遭了盗匪，当初的亲友却都冷眼旁观，最终整个家族支离破碎。

曹雪芹和他的《红楼梦》

曹雪芹从生活的沧桑之变中，深深感受到了世态炎凉，切身体会到了封建统治阶级的没落命运，对封建社会的黑暗有了清醒而深刻的认识，也从中得以历练，纨绔子弟的性情有所收敛，进而将年少时"写小说"的想法付诸实现，在穷愁潦倒之余，将一生所见所闻，以血泪写成《红楼梦》。

《红楼梦》的最成功之处，在于它对封建富贵家族生活的详细描述以及对人物个性化的塑造。作者以人物与事件共同发展的情节结构、特色鲜明的笔法、巧妙自然的技巧和简单优美、准确生动的语言描绘了上自皇宫大内下至乡野村舍的广阔画面，将封建贵族的生活娓娓道来，写得逼真而有韵味，并在故事的推进中，塑造了众多活生生的人物。他们都有着独特的个性，同时也具备复杂的多面，美人美得千姿百态，坏人也不尽是人性的恶。

　　《红楼梦》并不是单纯写封建贵族的兴衰和男女情情爱爱，而是透过这样
一种封建生活，透过贵族青年男女的婚姻恋爱悲剧，来揭露封建社会后期的
种种黑暗和内在矛盾，对其进行有力的批判。

　　不管是从思想内容上还是从艺术层次上，《红楼梦》都具有鲜明的特色和
永久的魅力，因此才能始终卓立于世界文学之林而长盛不衰。

五、体大而虑周的《文心雕龙》

我们常说文学是美的，是一种可以穿越时空壁垒、升华生命意识的美，但它为什么是美的呢？这种美又是从何而来呢？或许在《文心雕龙》中可以找到答案。

《文心雕龙》是一部文学理论专著，是中国文学理论批评史上第一部全面而系统的文学理论书籍，作者是中国南朝文学理论家刘勰（xié）。

"文学理论"顾名思义就是对与文学相关的理论知识的讲解，包括文学的本源、文学的形式和内容、文学体裁的规范、文学的继承和革新、文学的创作构思、文学的审美和鉴赏等。

《文心雕龙》以孔子的美学思想为基础，将儒家中庸原则作为全书的基调，对齐梁时代以前的美学成果进行了整理总结，对文学创作、文学特点等一系列问题提出了精辟的见解，对语言文学的审美本质及其创造、鉴赏的美学规律给出了细致的说明。

古籍《文心·雕龙》

《文心雕龙》全书近4万字，共10卷，50篇，分为上、下两部分，每部分25篇。上部前5篇《原道》《征圣》《宗经》《正纬》《辨骚》是全书的总论，阐明了写作原则及要领，后20篇对各种文体、作家和作品进行了介绍研究；下部是全书的精华所在，前24篇中20篇重点剖析了创作过程中的各类问题，是创作论，其余4篇对文学发展的历史进行了概论，并介绍了一些作品批评鉴赏的方法，最后1篇是写作者创作这本书的动机、态度等。

《文心雕龙》中有一些经典的说法和观点并不是完全由作者独创，但是作者在前人的基础上做了更深刻的阐述和具体的说明，同时也增加了不少自己的看法，因而称得上是见解精到，论述严密。

比如，关于"批评"的论述，作者提出了批评家的主观修养、批评时的注意事项等问题。他认为批评家必须具有广博的见识，才能给出真知灼见，还根据桓谭的"能读千赋则善赋……能观千剑则晓剑"提出了一个"操千曲而后晓声，观千剑而后识器"的论断。

在对文学的发展创新上，《文心雕龙》也有独到的认识。刘勰认为，文学的发展变化，会无法避免地受到时代和社会政治的影响，而文学继承的关键就是大胆的创新。只有不断创新，文学创作才会得到不断发展，即"变则其（可）久"，这些观点在《时序》《通变》篇有详细的讲解。

总之，《文心雕龙》内容丰富而考虑全面，体系严密而论述精到，是一部"体大思精""深得文理"的文章写作理论巨著，也是中国有史以来最为精密的文学批评类书籍。

六、一场唐诗的盛宴——《唐诗品汇》

"熟读唐诗三百首，不会作诗也会吟。"短短两句话，既点明了"熟能生巧"的精髓，也从侧面透露出唐诗之沉博绝丽、超超玄著。所有的唐诗又何止三百首？而这部《唐诗品汇》堪称古代诗选中的精粹。

《唐诗品汇》是一部中国古代诗歌选集，收录了唐朝各个时期的诗作，作者是明代才子高棅（bǐng）。

《唐诗品汇》是一部规模宏大的诗作选本，共收录681家、6725首诗歌，分为100卷，其中前90卷是正集，选唐代诗人620人、唐诗5771首，后10卷是补充章节，增补诗人61名、作品954首。

相较于以前的唐诗选本而言，《唐诗品汇》体系更加严整，收录的作品也比较丰富，因而在明代一直被作为学习诗歌的教材来使用。

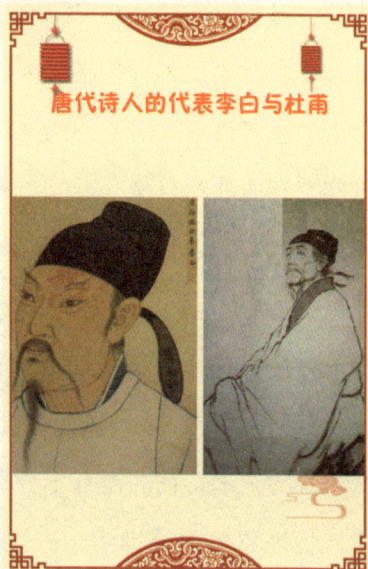

唐代诗人的代表李白与杜甫

《唐诗品汇》以初唐、盛唐、中唐、晚唐的顺序对唐诗进行了阶段划分，每一诗体又分为正始、正宗、大家、名家、羽翼、接武、正变、余响、旁流九格，即《凡例》："大略以初唐为正始，盛唐为正宗、大家、名家、羽翼，中唐为接武，晚唐为正变、余响，方外、异人等诗为旁流。间有一二成家特立与时异者，不以世次拘之。"

书中还对每一诗体进行了论述，作者将九格与四个阶段结合起来，通过正、变关系，详细地叙述了每一诗体在初唐、盛唐、中唐、晚唐的演变发展过程，并指出各自的代表作家以及他们的风格。各种诗体的论述结合在一起，就构成了唐诗演变发展的全貌。

此外，每诗体之前还会列"叙目"，对诗体的来源和流变进行介绍；书前还设有总叙、凡例等概括性和补充性内容，使人们能够获得更多相关性知识。

唐代是诗歌发展的黄金时期。唐朝初期，诗歌受到齐梁遗风影响，颇具奢靡华丽之气，随着陈子昂、王勃等诗人的陆续出现，才逐渐向着刚健开阔的方向发展。到盛唐时，国家强盛，社会稳定，人们生活安适。在这样的社会环境中，诗人们大都志存高远、心情愉悦，创作出的作品也都气势宏伟、选题广泛、格局高远。安史之乱后，唐朝逐渐衰败，诗人们对统治阶层感到失望，对当时的社会状况深感忧虑，但又不曾放弃对理想的追求，就在创作的过程中融入了各种情感，因而这一时期的诗歌不失刚健清新，并多了几分个人的愁苦愤懑。唐王朝的尾声，诗人们深知已无力回天，只好回避残酷的现实，转而歌颂自然，哀叹个人命运，这一时期的诗歌内容较为狭窄，格调不高，侧重表达个人的彷徨痛苦。

《唐诗品汇》中选录的诗歌，就是以盛唐、中唐为主，而较少初唐、晚唐的作品。这一方面表现出作者的偏好，另一方面也展现了其选录的标准。《唐诗品汇》更注重诗歌的社会功能、思想内容的深度以及格局大小，而对其本身的艺术特征并没有十分顾及。也正是因为如此，它对杜甫诗中贯穿的忧国忧民思想十分推崇，进而将其奉为艺术作品典范，将杜甫称为唯一的

"大家"。

　　《唐诗品汇》也存在着很多让人争议的地方，不过它在作品的广泛、体系的完整、理论的阐述等方面都具有较高水平，这是其他唐诗选本所远不及的，因此在我国的唐诗选本中有着重要地位。

七、《随园诗话》：诗歌美学与理论

如何写好一首诗歌？普通人能否写出好诗？什么样的诗歌算得上经典？诗歌美在哪里？对于这些问题，《随园诗话》会给出答案。

《随园诗话》是一部诗歌理论著作，成书于清乾隆五十五年（公元1790年）。全书近 57 万字，原 16 卷，补遗 10 卷，共 26 卷，在理论类文学著作中实属巨大规模。内容以诗歌美学和诗歌创作的理论以及诗人的资质品性等为主，采录了各个朝代、各个流派印证诗论的作品，对诗人自身情况对诗作的影响、诗歌的类型、诗歌的立意构思和语句措辞、写作的表现风格和艺术手法以及诗的鉴赏和编选等各个方面都有论述，可谓无所不包。

《随园诗话》的作者是清代的大才子袁枚。袁枚是乾隆年间的进士，所处的时代学术思想十分活跃，催生出了许多对立的学术流派，袁枚就是坚定的反理学和反汉学者。

在诗歌创作方面，袁枚反对复古，提倡性灵思潮，是性灵派创作理论的主要拥护者。性灵，就是性情的意思。袁枚认为诗歌就是人发自内心的反应，源于人的真情流露，其他所作都不是真正的诗，即"诗者，人之性情也，性情之外无诗"。

袁枚的这种主张正是《随园诗话》的核心思想和精华所在，《随园诗话》的主要价值就在于其中阐述的"性灵说"诗论。

袁枚从创作的主观条件出发，从三个方面介绍了"性灵说"的内涵。一是真情论，袁枚认为真情是诗歌创作的必要条件，也是诗歌表现的主要内容，是诗人必须具有的，诗歌的主要审美功能也是通过真情传达来实现的；二是个性论，即诗人必须要有个性，并在创作中将这种个性表达出来，也就是他所说的"作诗，不可以无我"，这种创作的个性也可以看作是创新性、反复古，既不盲从流俗也不囿于古人；三是诗才论，即诗歌创作并不是一件简单的人人可做的事情，是需要一定天赋的，因此一个诗人必须具备特殊的才能，能产生创作的灵感，并将这些灵感自然而然地表现出来。

当然，诗歌创作也并非只关乎"性灵"。除了个人先天的才情，诗歌创作也与诗人后天的学识积累、品德修养、生活经历等密切相关。一个极具作诗天赋的人，若没有渊博的学识和丰富的经历以及高尚的道德节操做支撑，其所迸发的灵感即使再美妙再丰富也只能停留在虚幻的想象中，而无法形成语言凝练、内涵深刻、格局高远的优秀诗作。只有将性情、天分和后天学习结合起来，才能创作出与时俱进的具备"真、新、活"特点的文学佳品。

"性灵说"的主张在乾隆时期的诗坛独树一帜，令多人靡然从之，为反拟古、反考据作诗及使诗歌回归抒写真性情的轨道上来做出重要贡献，因此，《随园诗话》也被视为清代影响最大的一部诗话。

第七章

历史上的
大型修书活动

一、北宋：太平御览

《太平御览》初名为《太平总类》，是由北宋李昉、李穆、徐铉等学者奉敕编纂的。全书包含天、地、人、事、物多种门类，可谓包罗万象，保存了大量宋代以前的文献资料，是中国传统文化的宝贵遗产。

北宋年间，宋太宗赵光义对一本书十分痴迷，一天要看三卷，一年才读完。这本书就是宋代著名的类书《太平御览》。《太平御览》是什么书，为何宋太宗如此喜欢呢？这还要从宋太祖赵匡胤说起。

宋太祖喜爱读史书，在位期间曾提出，让所有的武将大量读书，从而学习治理国家的道理。宋太宗受宋太祖的影响，也酷爱读书。他即位后，更是每天手不释卷。

宋朝初期，国家藏书上万卷。宋太宗即位后，仍然觉得书籍不够多。于是，他下诏让百姓献书，并赏赐献书者，由此收集了八万卷藏书。他派人将这些藏书放到史馆、昭文馆、集贤院三馆之中。

后来，他见三馆房屋卑陋，便对大臣们说："三馆如此简陋，如何接待天下贤才？"因此，他就下诏另修新馆。太平兴国三年（公元978年），新馆落成，宋太宗赐名为崇文院。

在修馆期间，宋太宗还下诏，利用这些藏书，编纂类书，从而保留历史上的古籍、著作。

当时参加编纂的大臣由李昉、徐铉领衔，另有 12 人参与其中。他们从太平兴国二年（公元 977 年）开始编纂，历时六年，直至太平兴国八年（公元 983 年）才完成全书。

《太平御览》全书共 1000 卷，分为 55 部。其中包括礼仪部、乐部、学部、治道部、兵部、人事部、宗亲部、车部、百谷部、饮食部、妖异部、兽部、羽族部、竹部、果部、菜茹部、药部等各种门类。

不仅如此，在各门类下还有很多细目。比如地部有大类 155 种，其中有 14 种又分为 538 个细目。总之，门类繁多，内容非常细致。

在编书过程中，学者们征引了众多古书。著名目录学家范希曾在《书目答问补正》中说过，《太平御览》引用的古书多达 2800 多种。并且，其中大部分的古书都已失传。可以说，《太平御览》一书保留了很多宝贵的文献资料。

比如两千多年前的农业书籍《范子计然》《氾胜之书》原书早已不见，但从《太平御览》的引用中，我们知道了两千多年前有关农业生产的一些知识。

又如五胡十六国时期的重要史籍《十六国春秋》据考证北宋时已失传，就连司马光的《资治通鉴》中都没有相关的记载，而《太平御览》则引用了 480 多条此书的内容，为我们留下了很多珍贵的历史材料。

正因如此，宋太宗才对这本书爱不释

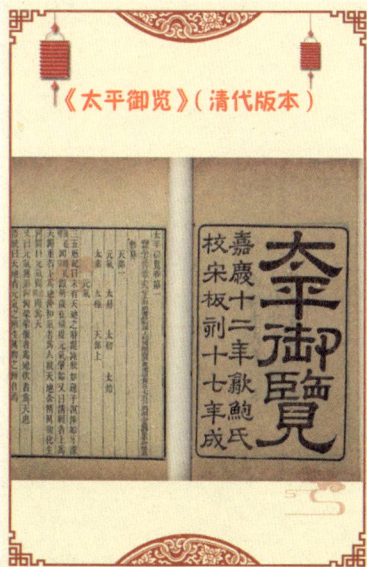

《太平御览》（清代版本）

手。《御览》成书后，宋太宗每天都要读三卷，从不间断。如果有一天事情太多未能读满三卷，必会利用其他时间补上。整整读了一年，宋太宗才将此书读完，并将此书改名为《太平御览》。

　　总之，无论是在宋代，还是在当今时代，《太平御览》都被视为"类书之冠"，对国家来说有着极高的历史价值。

二、明代：永乐大典

《永乐大典》是一部集中国古代典籍于大成的类书，内容包括经、史、子、集，涵盖天文地理、阴阳占卜、农业工艺、释藏道经、医学药理、文学艺术，融汇了中华民族数千年的智慧结晶和知识财富。

明永乐元年（公元 1403 年），明成祖朱棣即位后不久就下旨令姚广孝主持编修一本博古通今的类书。明成祖为何要急切地开展如此大型的修书活动呢？

明太祖朱元璋在位时十分喜欢翻阅《韵府群玉》之类的古典文献工具类书。洪武三十一年（公元 1398 年），朱元璋想要修撰一本包揽经史百家之言的《类要》，但书还未修成，朱元璋就去世了，此事便不了了之。

朱棣和朱元璋一样，也有翻阅类书的习惯，并且发现当时的类书收录的内容不够广博，因此心中一直都有重新编修一本内容丰富、包罗万象的工具类书的想法。再加上他的皇位是从侄子手中夺来的，急需"偃武修文"以笼络文士之心，因此刚当上皇帝，朱棣就急不可待地决定编纂一部"悉采各书所载事物类聚之，而统之以韵"的大型类书来彰显国威，要求"凡书契以来，经、史、子、集百家之书，至于天文、地志、阴阳、医卜、僧道、技艺之言，备辑为一书，毋厌浩繁"。

公元 1403 年，朱棣召集了 147 人参与修书活动，命解缙（jìn）为负责人。实际上，公元 1388 年时，解缙就曾向朱元璋提出过编纂大型类书的建议，但因政治斗争失败而未能实行，此次朱棣任命他主持编修，恰好给予了他实现理想的契机，因此解缙在编修工作上十分卖力，又因准备充分，进展非常快，第二年就将类书修完了，朱棣赐名为《文献大成》。

由于解缙"推崇儒学，致君尧舜"，所以这本书并没有完全按照朱棣无所不包的思路来写，而是偏重儒学，轻待诸家，朱棣看过后十分不满意，决定换人重新修订。

永乐二年（公元 1404 年），朱棣即任命太子少师姚广孝与刑部侍郎刘季篪（chí）、翰林学士解缙一起负责组织、协调整个修撰事务，姚广孝为最高负责人，同时要求扩增参与编修的人数。

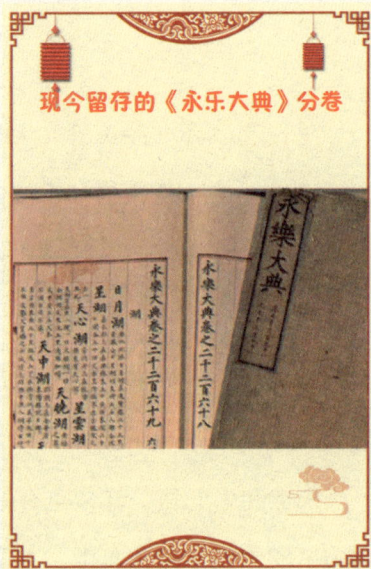

现今留存的《永乐大典》分卷

姚广孝等人的首要任务就是征集符合条件的、足够多的编修人员。这次人才征集，以具备经史百家的学术功底为主要依据，不限制出身和资历，不仅征集了诸多儒生名士，还包括名僧、高道、医家等三教九流的人才，以及一些布衣才子，打破了初修时因儒生集聚带来的局限性。

宽松的征集要求和几位负责人的广大人脉，使得前后参与编纂的朝臣文士、宿学老儒达到了 2000 多人。在这支群英荟萃的庞大队伍的齐心协力下，编纂工作得以顺利开展。永乐五年（公元 1407 年）十一月，《重修文献大成》初稿完成，朱棣为之赐名《永乐大典》。次年十二月又将缮写正本修完，至此从初修算起历时五年的《永乐大典》编纂工作才算正式完成。

　　最终版本的《永乐大典》全书 2 万多卷，总字数 3 亿 7000 多万，分装成 1 万多册，采收历代文献七八千种，内容为古今第一浩繁，被称为世界有史以来最大的百科全书。

三、清朝：四库全书

《四库全书》是一部大型丛书，因分经、史、子、集四部，故名为"四库"。《四库全书》对中国古典文化进行了一次最为系统和全面的整理和总结，蕴含了文、史、工、农、哲、理、医几乎所有学科的源头和血脉，是中华传统文化最丰富、最完备的集成之作。

《四库全书》的编修是由清朝乾隆皇帝亲自主持的，参与人员共3000多人，其中有360余位高官名士，包括纪晓岚在内。初稿于乾隆四十七年（公元1782年）完成，全书于乾隆五十七年（公元1792年）完成，共收录3462种图书，79338卷，分装为36000余册，约8亿字。

以经学为主的中国传统学术，发展到清代已经有了两千多年的历史，其间渊源流变、兴衰利弊，都需要做出适当总结评价。而清乾隆时期，经济昌盛，出版业高度发达，藏书丰富，乾隆个人也十分喜好读书藏书，并有"寓禁于征"的需求。在这种背景下，《四库全书》的编修也就自然而然地开始了。

整体来看，《四库全书》的编修共经历了四个阶段。

第一阶段，征集图书。乾隆三十七年（公元1772年）十一月，乾隆皇帝认可了安徽学政朱筠提出校辑《永乐大典》的建议，并决定将所辑佚书与"各省所采及武英殿所有官刻诸书"汇编在一起，编成《四库全书》。

随后，乾隆便颁发谕旨，规定了征书范围和具体方法，在全国范围内展开了征书活动。还针对进书设置了奖励制度，包括奖书、题咏等。奖书即规定进书 500 种以上的，赐一部《古今图书集成》；进书 100 种以上的，赐《佩文韵府》一部。题咏即进书百种以上的人，可以得到由乾隆皇帝题咏简端的精醇之本。

在各方支持响应下，征书工作开展得非常顺利，在七年的时间里共征集了 12237 种图书。

第二阶段，收录整理。图书征集完毕，整理工作随之展开。乾隆三十八年（公元 1773 年）二月，乾隆命纪晓岚、陆锡熊、孙士毅为总纂官，召集主编团队 85 人，正式开始了《四库全书》的编纂工作。

编纂人员先对征集来的图书进行了分类，将符合收录条件的、有利于清朝统治的列为"应抄图书"，将不合格的、但无害于清朝统治的列为"应存图书"，而不利于清朝统治的书则被列为禁书。"应抄图书"会被详细收录到《四库全书》中，其中最好的著作还会另行刻印，以广泛流传，又被列为"应刻图书"；"应存图书"只在《四库全书》中存有名录，而不能抄写其内容；至于被列入禁书之列的图书，则会被删毁、抽毁甚至全部毁掉。

国家图书馆馆藏的《四库全书》

第三阶段，抄写底本。《四库全书》的底本主要来源于内府藏书、清朝官修书、从各地征集的图书以及从《永乐大典》中辑录出来的佚书，抄写人员前后有 3826 人。

当时，为了保证进度和质量，负责官员还给誊录人员规定了抄写定额和赏罚标准，要求每人每天抄写 1000 字，每年抄写 33 万字，5 年限抄 180 万字。书面字体不工整的，记过一次，罚多写 10000 字；相应地，达标或者超标完成的，会有丰厚的奖励。

第四阶段，校订成书。为了保证最后一道关键程序的顺利进行和《四库
全书》的整体质量，四库全书馆制定了《功过处分条例》，对校正工作进行了
严格要求。

乾隆四十六年（公元 1781 年）十二月，第一部《四库全书》抄写完毕
并装潢进呈，此后三年，又完成列为第二、第三、第四部的抄录校订，乾隆
五十二年（公元 1787 年），最后三部得以完成。至此七部《四库全书》全部
抄写完成，分别藏于北京的文渊阁、沈阳的文溯阁、圆明园的文源阁、承德
避暑山庄的文津阁，合称"北四阁"，以及镇江的文宗阁、扬州的文汇阁和杭
州文澜阁，合称"南三阁"。

《四库全书》的编修规模之大，其书内容之丰富完备，都是前所未有的，
堪称中国古代最大的文化工程。